**Dever de Formação
e Pacto de Permanência**

Dever de Formação
e Pacto de Permanência

2015

Luís Ferreira de Almeida Carneiro

**DEVER DE FORMAÇÃO
E PACTO DE PERMANÊNCIA**
AUTOR
Luís Ferreira de Almeida Carneiro
EDITOR
EDIÇÕES ALMEDINA, S.A.
Rua Fernandes Tomás, nºs 76, 78, 80
3000-167 Coimbra
Tel.: 239 851 904 · Fax: 239 851 901
www.almedina.net · editora@almedina.net
DESIGN DE CAPA
FBA.
PRÉ-IMPRESSÃO
EDIÇÕES ALMEDINA, S.A.
IMPRESSÃO E ACABAMENTO
PENTAEDRO, LDA.

Fevereiro, 2015
DEPÓSITO LEGAL
388166/15

Apesar do cuidado e rigor colocados na elaboração da presente obra, devem os diplomas legais dela constantes ser sempre objecto de confirmação com as publicações oficiais.
Toda a reprodução desta obra, por fotocópia ou outro qualquer processo, sem prévia autorização escrita do Editor, é ilícita e passível de procedimento judicial contra o infractor.

 GRUPOALMEDINA

BIBLIOTECA NACIONAL DE PORTUGAL – CATALOGAÇÃO NA PUBLICAÇÃO
CARNEIRO, Luís Almeida
Dever de formação e pacto
de permanência – (Monografias)
ISBN 978-972-40-5893-1
CDU 349

À Patrícia
Ao Martim e ao Miguel
Aos meus pais

ABREVIATURAS

Ac. – Acórdão
al. – Alínea
art./arts. – Artigo/Artigos
CC – Código Civil
CJ – Coletânea de Jurisprudência
CRP – Constituição da República Portuguesa
CT – Código do Trabalho
DL – Decreto-Lei
DUDH – Declaração Universal dos Direitos do Homem
EF 2020 – Quadro estratégico para a cooperação europeia no domínio da educação e da formação
IRCT – Instrumentos de Regulamentação Coletiva de Trabalho
L. – Lei
LCT1 – Lei do Contrato de Trabalho (DL nº 47 032, de 27 de maio de 1966)
LCT – Lei do Contrato de Trabalho (DL nº 49 408, de 24 de novembro de 1969)
nº – Número
OIT – Organização Internacional do Trabalho
p./pp. – Página/Páginas
Pnt – Período Normal de Trabalho
RCT – Regulamentação do Código do Trabalho
RDES – Revista de Direito e de Estudos Sociais
RH – Recursos Humanos

RJSNQ – Regime Jurídico do Sistema Nacional de Qualificações
RMMG – Remuneração Mínima Mensal Garantida
RLJ – Revista de Legislação e de Jurisprudência
ROA – Revista da Ordem dos Advogados
Séc. – Século
Seg./Segs. – Seguinte/Seguintes
SNQ – Sistema Nacional de Qualificações
STJ – Supremo Tribunal de Justiça
TC – Tribunal Constitucional
TIC – Tecnologias de Informação e Comunicação
TRE – Tribunal da Relação de Évora
TS – Tribunal Supremo
TUE – Tratado da União Europeia
UE – União Europeia
vol. – Volume

NOTA PRÉVIA

A análise da ligação entre o dever de formação e o pacto de permanência constitui o objeto do presente trabalho. Embora o fim seja definir os contornos da referida relação, esse objetivo implica uma análise do tratamento da formação profissional no Código do Trabalho, e seus respetivos regimes, bem como do pacto de permanência.

O presente trabalho encontra-se dividido em duas partes. A primeira analisa a formação profissional e as várias formas que assume a obrigação de ministrar formação profissional no Código do Trabalho, contrapondo o dever geral de formação aos deveres específicos de formação constantes da lei do trabalho. A segunda parte debruçasse sobre a figura do pacto de permanência e percorre os vários desafios de aplicação prática que a figura coloca.

A crescente valorização do capital humano como fator diferenciador e a obrigação legal de promoção de formação profissional faz com que as organizações se mostrem cada vez mais recetivas a investir na formação dos seus trabalhadores, de forma integrada, com objetivos organizacionais.

Os departamentos de Recursos Humanos encontram na formação, simultaneamente, um instrumento que potencia a mudança na organização, de acordo com os objetivos pré-definidos, e um meio de retenção dos seus quadros.

A proteção do investimento avultado do empregador na formação profissional dos trabalhadores é determinante para o desenvolvimento de qualquer plano de formação que, por natureza, implica um período de tempo para assegurar a sua implementação e retorno.

O pacto de permanência tem a virtualidade de proteger o investimento financeiro realizado pelo empregador em formação e garantir, embora não de forma absoluta, o período de implementação na organização dos objetivos definidos no plano de formação. A permanência na organização assume importância decisiva sempre que o investimento em formação é enquadrado por um plano formativo envolvendo uma pluralidade de trabalhadores. Em regra, nestas circunstâncias, apenas a permanência de todos, ou de um número significativo de trabalhadores, assegurará o retorno projetado no plano formativo.

A relação entre o dever de formação e o pacto de permanência foi reforçada com a revisão do Código do Trabalho de 2009.

As alterações ao regime jurídico que regula o dever geral de formação a cargo do empregador, introduzidas pela versão de 2009 do Código do Trabalho, têm como consequência potenciar o incremento significativo da formação profissional com os desejados reflexos ao nível da produtividade e da empregabilidade.

Ao potenciar o desenvolvimento da formação profissional, o legislador promove o recurso à figura do pacto de permanência. Por um lado, o empregador tem a responsabilidade pela realização de investimentos, frequentemente avultados, em formação profissional dos seus trabalhadores. Por outro, o pacto de permanência é o único instrumento ao dispor do empregador que lhe garante o investimento avultado realizado em formação, bem como, embora de forma não absoluta, a permanência na organização do trabalhador beneficiário da formação e o retorno do investimento realizado.

Sendo uma figura presente há várias décadas no nosso ordenamento jurídico, o pacto de permanência foi profundamente influenciado pelo dever de formação a cargo do empregador cujo regime foi introduzido no Código do Trabalho de 2003 e desenvolvido na revisão de 2009. Com a consagração do dever de formação, torna-se clara a integração do pacto de permanência no regime jurídico da formação profissional, sem autonomia fora desse mesmo regime.

O presente livro considera as alterações legislativas até à Lei nº 55//2014, de 25 de agosto que procedeu à sétima alteração ao Código do Trabalho.

Aditámos um anexo com formulários que procuram concretizar as situações mais comuns que se colocam no quotidiano das organizações em matéria de formação profissional e pacto de permanência com o objetivo de reforçar o caráter prático que se procurou imprimir a este trabalho.

PREFÁCIO

A inclusão da formação contínua no rol dos deveres dos empregadores constituiu um importante contributo do Código do Trabalho, logo na versão de 2003, para uma nova visão da relação individual de trabalho. Encarada tradicionalmente como um fenómeno isolado, estaticamente definido como um nexo jurídico com princípio, meio e fim, a relação individual de trabalho passou a ser vista e tratada como um segmento na sequência de uma vida ativa, não se esgotando na troca de prestações entre duas pessoas, antes se apresentando como uma experiência geradora de condições favoráveis ou desfavoráveis para posteriores situações profissionais. Neste texto, o Mestre Luis de Almeida Carneiro desenvolve, em termos sumamente interessantes e sugestivos, a noção de empregabilidade que, através do dever de formação, confere à relação de trabalho essa dimensão "projetiva" no trajeto profissional dos trabalhadores. O dever de formação foi, assim, "contratualizado", no sentido de que deixou de ser uma vinculação abstrata do empregador no quadro do sistema nacional de qualificações, para assumir a natureza de um dever de *prestação* com a contrapartida de um crédito do trabalhador, no âmbito dos efeitos próprios do contrato de trabalho. E, se é verdade que os contornos desse dever têm, na lei, uma definição quantitativa porventura excessivamente ambiciosa – dados os recursos disponíveis em matéria de estruturas de formação certificadas –, é verdade também que só assim ganharia seriedade e consistência o desígnio do legislador.

A conexão do dever de formação com o regime jurídico dos pactos de permanência, sendo natural e evidente, põe, contudo, em jogo realidades jurídicas com âmbitos bastante diferentes: o dever de formação contínua visa fundamentalmente a empregabilidade, o futuro profissional do trabalhador, e o pacto de permanência respeita, sobretudo, à "formação para a função" que o empregador faculta e suporta no seu próprio interesse. Mas é claro que entre formação para a função e formação para a empregabilidade existe sempre uma zona de interseção mais ou menos ampla. O nexo entre os dois elementos é tratado com profundidade neste estudo. Para isso, o Autor empenhou-se na teorização jurídica de cada um dos termos do binómio, numa tarefa seguramente complicada pela escassez dos suportes doutrinais e jurisprudenciais, mas realizada, em nossa opinião, com uma segurança e um cuidado analítico assinaláveis. Se esse esforço teórico se ateve, de modo quase exclusivo, à exegese dos textos legais, nem por isso deixam de manifestar-se, em vários pontos duvidosos, posições pessoais apoiadas em razões sérias e consistentes. Entre as questões examinadas, assume natural relevo a das consequências do incumprimento (ou resolução) do pacto pelo trabalhador, questão sobre a qual havia que lidar com uma enigmática modificação do texto legal pertinente (o art. 137º do Código). A posição assumida pelo Autor, ainda que naturalmente contestável, tem por si razões de peso.

Coube-nos o papel de apoiar, como orientador, a dissertação de mestrado a que este texto corresponde. O acompanhamento dos trabalhos do Autor constituíu uma tarefa sumamente grata, como grata é a oportunidade de manifestarmos o nosso apreço pela qualidade deste seu contributo para a doutrina juslaboral portuguesa, sobre tema particularmente complexo e pouco explorado.

Lisboa, setembro de 2012
ANTÓNIO MONTEIRO FERNANDES

*Escolhe um trabalho de que gostes e não serás obrigado
a trabalhar um único dia da tua vida.*

Confúcio

INTRODUÇÃO

No passado, não muito remoto, um trabalhador que se propusesse aprender um ofício, após alguns anos de aprendizagem teria adquirido todos os conhecimentos que necessitava para desenvolver essa atividade ao longo de toda a sua vida. Atualmente, os novos postos de trabalho exigem preparação teórica e disponibilidade para adquirir e aplicar novos conhecimentos, o que implica, ciclicamente, períodos de formação contínua.

Embora a formação contínua surja como uma necessidade praticamente transversal a todos os trabalhadores, a mesma não se impõe com idêntica intensidade perante o universo dos trabalhadores. A necessidade de formação cresce em importância à medida que se complexifica a atividade do trabalhador. A necessidade de formação contínua é proporcional à complexidade das funções desempenhadas ou a desempenhar.

Ao longo das últimas dezenas de anos, o aparecimento de computadores e a generalização da informação geraram uma procura por trabalhadores que tivessem a capacidade de produzir, analisar, tratar e agir com base em informação.

São os chamados trabalhadores do conhecimento[1].

---

[1] Segundo Thomas H. Davenport foi Peter Druker o primeiro a identificar e descrever desenvolvidamente os trabalhadores do conhecimento no seu livro *Landmarks of Tomorrow* de 1959.

A propósito da importância crescente dos trabalhadores do conhecimento, Thomas H. Davenport afirma o seguinte: "No início do séc. XXI, é provável que entre um quarto e metade dos trabalhadores das economias desenvolvidas sejam trabalhadores do conhecimento cujas principais funções envolvem a gestão do conhecimento e da informação"[2].

Ainda que não constituam o grosso da coluna do trabalho subordinado, os trabalhadores do conhecimento são os que mais influenciam o desempenho e evolução das organizações onde estão inseridos, são os que têm maior grau de especialização, para além de serem aqueles que auferem rendimentos mais elevados no seio dessas mesmas organizações.

Os trabalhadores do conhecimento desenvolvem a sua atividade em todos os setores da economia. Não são exclusivos do setor terciário, embora tenham um papel proeminente nos serviços. Nos setores primário e secundário, uma grande percentagem de trabalhadores nunca chega a intervir fisicamente no processo produtivo. Todavia, os trabalhadores que desenvolvem a sua atividade baseada no conhecimento como é o caso dos trabalhadores ligados aos departamentos de marketing, distribuição, área financeira, recursos humanos e tecnologias de informação, são determinantes para o desempenho da organização.

Independentemente da percentagem de trabalhadores do conhecimento por organização, os mesmos são os principais responsáveis por impulsionar a inovação e desenvolvimento no seio da mesma.

Os trabalhadores do conhecimento funcionam como propulsores de inovação e desenvolvimento dentro das organizações[3]. São os trabalhadores do conhecimento que, nomeadamente criam novos produtos

---

[2] Thomas H. Davenport, Profissão: Trabalhador do conhecimento, p. 14.
[3] Como exemplos de áreas que fundam a sua atividade em trabalho do conhecimento e que, por via dessa opção, obtêm elevado crescimento e alta rendibilidade temos: empresas de tecnologias de informação, farmacêuticas e financeiras.

e serviços, sendo responsáveis pela definição da estratégia a seguir pelas suas organizações.

Estes trabalhadores influenciam o valor da própria organização a que pertencem. "O valor de mercado de muitas empresas «conhecimento intensivas» – que contempla a sensibilidade do mercado em relação ao valor do conhecimento e dos trabalhadores do conhecimento – é mais importante do que o valor contabilístico"[4].

Os trabalhadores do conhecimento são críticos para a economia dos países desenvolvidos. O trabalho que se tornou indiferenciado pode e está a ser deslocado progressivamente para as economias onde é realizado a um mais baixo custo. Tem sido defendido que para as economias dos países desenvolvidos sobreviverem, necessitam de generalizar o trabalho "conhecimento – intensivo" que não é facilmente deslocalizável.

Foi exata a previsão de Peter Drucker realizada em 1977, quando defendeu que "a produtividade do conhecimento e dos trabalhadores do conhecimento será o único fator competitivo na economia mundial. Porém, é provável que se torne o fator decisivo, pelo menos para a maioria das indústrias dos países desenvolvidos"[5].

Encontra-se totalmente ultrapassada a visão do trabalhador enquanto executor de tarefas repetitivas que caracterizava os sistemas de organização tayloristas. Atualmente, as organizações requerem trabalhadores polivalentes, que carecem de uma atualização permanente ao nível da sua formação.

As novas formas de organização do trabalho partem de princípios opostos à teorização de Taylor, ou seja, o incremento da qualidade, a produtividade e flexibilidade – princípios essenciais a qualquer organização – dependem de uma utilização mais eficaz da força de trabalho. Nas organizações considera-se que "os talentos únicos dos

---

[4] Thomas H. Davenport, cit., p. 15.
[5] The Future That Has Already Happened, Harvard Business Review, Set.-Oct. 1977, p. 21.

empregados, entre os quais estão um nível superior de desempenho, a produtividade, a flexibilidade, a inovação e a capacidade de alcançar altos níveis de assistência personalizada ao cliente, são maneiras de as pessoas contribuírem com um ingrediente crucial para o desenvolvimento da posição competitiva de uma organização. É igualmente nas pessoas que está a chave para gerir as interdependências vitais das atividades funcionais e as importantes relações externas"[6].

Para os trabalhadores do conhecimento a formação profissional é crítica, não só para poderem acompanhar o desenvolvimento tecnológico e apoiar as exigências de evolução impostas pelo mercado à organização onde desenvolvem a sua atividade, como para assegurarem a manutenção dos seus postos de trabalho e evoluírem profissionalmente.

Para que as organizações possam preservar e desenvolver um capital humano especialmente preparado requer-se um permanente diagnóstico e investimento em formação que permita manter, bem como desenvolver, a respetiva competitividade, garantindo-se a empregabilidade.

É necessário ter presente que mesmo os trabalhadores mais qualificados têm necessidade de desenvolver um projeto de aprendizagem ao longo da vida, porque a evolução tecnológica e os reflexos que a mesma imprime nos mercados e na concorrência entre as organizações o impõem.

Esta pressão evolutiva recai sobre as organizações e os trabalhadores, em particular os trabalhadores do conhecimento.

A formação cumpre a dupla função de constituir fonte de realização para os trabalhadores, motivando-os para a aquisição de novas competências, e de introduzir inovação nas organizações que dela beneficiam refletindo-se positivamente nos seus resultados.

É inequívoco que "a formação é um instrumento indispensável para atingir os objetivos de qualquer estratégia organizacional nas empresas

---

[6] Ângela Baron e Michael Armstrong, Gestão do Capital Humano, p. 42.

modernas"[7]. Todavia, para se poder desenvolver uma estratégia de formação não basta ministrar formação profissional aos trabalhadores de forma isolada é necessário, como melhor se verá, inserir essa formação num plano de caráter geral em que participam os vários setores da organização.

Consciente desta evolução, considerando tratar-se de um interesse comum tanto para empregadores como para trabalhadores e diagnosticando a necessidade de incrementar a formação profissional, o legislador introduziu o regime do dever geral de formação no Código do Trabalho de 2003 que foi objeto de regulamentação pela Lei nº 35//2004, de 29 de julho.

Durante a vigência do Código do Trabalho de 2003, a inovação legislativa que consistiu na consagração do regime jurídico que concretiza um dever a cargo do empregador em matéria de formação não teve o efeito de incrementar decisivamente a formação profissional, pelo que as alterações de 2009 ao Código do Trabalho em matéria de formação contêm um objetivo de alargar a formação profissional a um maior número de trabalhadores e de a desenvolver.

Perante a necessidade de ministrar formação profissional decorrente das circunstâncias acima descritas e a consagração da obrigação legal de promoção de formação profissional por parte do empregador, este sente necessidade, com maior premência que no passado, de um instrumento que lhe garanta a permanência de trabalhadores vitais para a sua organização e reduza o risco que constitui o investimento em formação, o qual se traduz, fundamentalmente, no seu custo.

O pacto de permanência é o instrumento jurídico que permite ao empregador garantir a permanência do trabalhador por um período que pode estender-se até três anos, desde que o trabalhador tenha sido beneficiário de formação profissional que tenha implicado despesas

---

[7] Mário Ceitil, O Papel da Formação no Desenvolvimento de Novas Competências, p. 327.

avultadas para esse empregador. A obrigação de permanência garante ao empregador que o trabalhador ficará na organização, pelo menos durante o período em que durar o acordado, não saindo do seu seio para passar a desenvolver a sua atividade profissional junto de concorrentes e, caso se verifique a quebra da obrigação de permanência, que será ressarcido dos custos incorridos com a formação bem como dos prejuízos resultantes do incumprimento da obrigação de permanência.

Tendo em consideração o exposto, constituem objetivos do presente trabalho a análise da relação entre o dever de formação e o pacto de permanência, bem como a análise das alterações ao regime jurídico que regula o dever geral de formação constante da versão de 2009 do Código do Trabalho, visando determinar se as mesmas têm como consequência potenciar o desenvolvimento da formação profissional.

Pretende-se igualmente determinar se as alterações ao dever geral de formação profissional que recai sobre o empregador têm como efeito potenciar a utilização do pacto de permanência.

Pretende-se, ainda, demonstrar que o pacto de permanência, verificando-se os respetivos pressupostos, constitui um instrumento determinante e sem paralelo para o incremento da formação profissional protegendo e garantindo a permanência na organização e o investimento do empregador a quem foi atribuído o ónus legal, e financeiro, de garantir a formação profissional dos respetivos trabalhadores.

Por fim, e como consequência do exposto, pretende-se demonstrar que o pacto de permanência, constituindo uma figura presente há várias décadas no nosso ordenamento jurídico, com rara estabilidade quanto aos seus contornos, foi, não obstante, profundamente influenciado pelo dever de formação a cargo do empregador introduzido no Código do Trabalho de 2003 e desenvolvido na revisão de 2009 do Código do Trabalho.

O pacto de permanência sofreu uma evolução não por força de alterações legislativas que tenham incidido diretamente na figura, mas, por via indireta, decorrente da evolução da regulação da formação profissional, em particular a formação contínua e, dentro desta, a instituição de um dever geral de formação a cargo do empregador.

Pretende-se, pois, demonstrar que existe uma complementaridade do pacto de permanência relativamente ao dever de formação e que o pacto de permanência não é uma figura isolada, integrando-se no regime jurídico da formação profissional sem autonomia fora do mesmo.

Parte I
Formação Profissional

Capítulo I
Conceito de formação profissional

1. Formação profissional e suas dimensões
A formação profissional é um tema que tem tido grande desenvolvimento nas últimas décadas, particularmente na relação com as questões do emprego, da inserção social e profissional, bem como da adaptação da mão de obra às mudanças tecnológicas.

Há o crescente reconhecimento que, após a formação inicial, o trabalhador tem necessidade de prosseguir a sua formação, para elevar e atualizar os seus conhecimentos e competências durante toda a sua vida ativa. Encontra-se, segundo Júlio Gomes, "superada uma fase histórica em que a formação terminava, por assim dizer, quando o trabalho propriamente dito começava"[8].

Investir em formação profissional é, atualmente, um objetivo da política económica e social de todos os países, independentemente do seu grau de desenvolvimento, sendo comuns as referências aos "défices de qualificação" e à necessidade de melhorar e alargar a formação profissional.

O incremento da formação profissional é, pois, um objetivo que recolhe invulgar unanimidade, existindo, atualmente, um "projeto social de desenvolvimento maciço da formação"[9].

---

[8] Júlio Gomes, Direito do Trabalho, vol. I, p. 561.
[9] François Vatin, Epistemologia e Sociologia do Trabalho, p. 224.

Num contexto de globalização, em que os mercados estão progressivamente mais abertos, "as pessoas são o ativo menos deslocalizável e, cada vez mais, um fator estratégico primordial para a competitividade de cada país"[10]. Daí que a formação tenha adquirido, no referido contexto, uma importância crescente. Trata-se de um tema incontornável não apenas quando se analisa a questão do emprego, mas também sempre que se planeia o desenvolvimento económico, a competitividade da economia e a coesão social.

A formação profissional é um tema multidisciplinar e complexo, existindo várias dimensões da sua análise. No presente estudo, cumpre fazer referência à dimensão política, à dimensão organizacional e à dimensão individual da formação profissional.

Estas dimensões não são estanques, comunicam permanentemente entre si, e integram um todo mais vasto que é a formação profissional. No entanto, e por razões metodológicas, procedemos à sua análise individualizada, o que não nos poderá fazer perder a noção do todo complexo que a formação profissional constitui.

Na sua dimensão política, a formação profissional é analisada enquanto orientação, sentido estratégico, instrumento utilizado para atingir finalidades legitimamente definidas de determinada região, país, ou espaço económico, nomeadamente a promoção da coesão social e territorial, o crescimento económico a médio e longo prazo, o desenvolvimento da competitividade das empresas e a promoção da empregabilidade.

Também se inserem na dimensão política da formação profissional, as estratégias promovidas para o seu desenvolvimento. Entre essas estratégias estão, nomeadamente, a implementação de mecanismos de aproximação da formação ao mundo profissional e empresarial; a divulgação de informação relativa à evolução previsível do mercado de trabalho bem como a adaptação das propostas de formação a essa evolu-

---

[10] Acordo sobre política de emprego, mercado de trabalho educação e formação, Conselho Económico e Social, Comissão Permanente de Concertação Social, 9 de fevereiro de 2001, p. 2.

ção; a criação de sistemas de formação adaptados às exigências das populações a que se dirigem e que consideram os contextos locais em que se inserem.

O Estado tem compromissos na ordem interna e na ordem internacional de promoção da formação profissional.

A formação profissional enquanto responsabilidade do Estado decorre diretamente da Constituição da República Portuguesa que lhe impõe a respetiva promoção como forma de assegurar o direito ao trabalho (art. 58º, nº 1 e nº 2, alínea c), da CRP) e como forma de assegurar a especial proteção que confere aos jovens (art. 70º, nº 1, al. a), da CRP).

No plano dos compromissos do Estado na ordem internacional relativos à formação profissional cumpre fazer referência, pela sua influência nas opções e desenvolvimento das políticas do Estado nesta matéria, à Organização Internacional do Trabalho (OIT) e à União Europeia (UE).

A OIT proclama na Declaração relativa aos Princípios e Direitos Fundamentais no Trabalho que "o crescimento económico é essencial mas não é suficiente para assegurar a equidade, o progresso social e a erradicação da pobreza", o que implica que a OIT "promova políticas sociais fortes, a justiça e as instituições democráticas" e para tal "deve mais do que nunca mobilizar todos os seus meios de ação normativa, de cooperação técnica e de investigação em todos os domínios da sua competência, em particular os do emprego, da formação profissional e das condições de trabalho, a fim de que as políticas económicas e sociais se reforcem mutuamente, no quadro de uma estratégia global de desenvolvimento económico e social, com vista a criar um desenvolvimento amplo e duradouro"[11].

A OIT reconhece que a educação, a formação profissional e a aprendizagem ao longo da vida são fundamentais, que devem integrar e ser consistentes com as políticas económicas, fiscais, sociais e de emprego,

---

[11] Declaração da OIT relativa aos Princípios e Direitos Fundamentais no Trabalho, adotada na 86ª sessão da Conferência Internacional do Trabalho, em junho de 1998.

com o objetivo de alcançar um crescimento económico sustentado, a criação de emprego e o desenvolvimento social[12].

Ao nível da União Europeia, a estratégia de Lisboa instituiu um quadro estratégico comum aos Estados membros visando a cooperação europeia nos domínios da educação e formação profissional na medida em que, para a UE estes domínios permitem enfrentar e superar os desafios sócio – económicos, demográficos, ambientais e tecnológicos que se colocam e colocarão à Europa.

O Conselho da União Europeia sublinhou nas conclusões de 12 de maio de 2009, sobre um quadro estratégico para a cooperação europeia no domínio da educação e da formação ("EF 2020"), que "investir eficazmente em capital humano através dos sistemas de educação e formação constitui uma componente essencial da estratégia adotada pela Europa para atingir os elevados níveis de crescimento e de emprego sustentáveis e baseados no conhecimento em que assenta a Estratégia de Lisboa, promovendo simultaneamente a realização pessoal, a coesão social e a cidadania ativa"[13].

No referido Conselho da União Europeia ficou acordado que até 2020, a cooperação europeia visará apoiar o desenvolvimento dos sistemas de educação e formação nos Estados-Membros que garantam a realização pessoal, social e profissional dos cidadãos; uma prosperidade económica sustentável e a empregabilidade, promovendo-se simultaneamente os valores democráticos, a coesão social, a cidadania ativa e o diálogo inter cultural.

No período até 2020, a UE desenvolverá e concertará esforços no sentido de alcançar os seguintes quatro objetivos estratégicos: i) Tornar a aprendizagem ao longo da vida e a mobilidade uma realidade; ii) Melhorar a qualidade e a eficácia da educação e da formação; iii) Promover a igualdade, a coesão social e a cidadania ativa; iv) Incentivar a

---

[12] Recomendação nº 195 de 2004, relativa à valorização dos recursos humanos.
[13] Conclusões do Conselho de 12 de maio de 2009 sobre um quadro estratégico para a cooperação europeia no domínio da educação e da formação («EF 2020»).

criatividade e a inovação, incluindo o espírito empreendedor, a todos os níveis da educação e da formação.

A Estratégia "UE 2020" sucede à estratégia de Lisboa e visa lançar as bases do desenvolvimento do projeto europeu para a próxima década, na qual a formação continuará a assumir um papel de grande relevância nas políticas europeias. Consequentemente, é expectável que no plano nacional se mantenha a tendência de desenvolvimento da formação profissional, acompanhando e concretizando as políticas definidas ao nível da UE e as recomendações da OIT.

Existe, também, uma dimensão organizacional da formação que se traduz na análise dos reflexos da formação no âmbito da organização. Ainda que a formação não se desenvolva dentro da organização ou por sua iniciativa, visa sempre a aplicação das competências adquiridas no mercado de trabalho, potencia a inovação, o aumento de produtividade e, consequentemente, a competitividade da mesma.

A formação profissional tem adquirido crescente importância à medida que as exigências de qualificação dos trabalhadores se impõem às organizações, em função da introdução de novas tecnologias e da procura de uma produção de maior qualidade e diferenciada para competir no mercado global.

As organizações tomam consciência que "uma das chaves para atingir a vantagem competitiva é a capacidade de diferenciar aquilo que a empresa oferece aos seus clientes da oferta dos seus concorrentes. Esta diferenciação pode conseguir-se aplicando estratégias de RH que garantam à empresa pessoas de qualidade superior às dos seus concorrentes, desenvolvendo e nutrindo o capital intelectual único da empresa e dando especial atenção à aprendizagem organizacional e à gestão do conhecimento"[14].

A organização é responsável pelo diagnóstico das necessidades de formação em função dos seus objetivos estratégicos, das exigências de formação dos trabalhadores e das suas próprias expectativas de desen-

---

[14] Ângela Baron e Michael Armstrong, cit., p. 43.

volvimento profissional. Essa análise permite planear e executar as ações de formação que melhor correspondam às necessidades atuais da organização, bem como das carências previsíveis em função do planeamento da organização.

A formação procura corresponder ao planeamento decorrente do diagnóstico de necessidades de formação e aos objetivos definidos pela organização. A formação traz conhecimento e competência aos trabalhadores que dela beneficiam, o que tem reflexos ao nível da produtividade e desempenho dos trabalhadores individualmente considerados bem como dos vários setores da organização.

Esta aquisição de novos conhecimentos e competências pode desenvolver-se no local de trabalho ou fora dele.

A formação no local de trabalho realiza-se durante o normal desenvolvimento da atividade da organização utilizando equipamento, material, documentação e demais circunstâncias que os formandos encontrarão no termo da sua formação e que coincidirá com o início ou prossecução do desenvolvimento autónomo da sua atividade.

A formação fora do local de trabalho tem como consequência que o trabalhador não possa contribuir com a sua atividade para o esforço produtivo da organização durante o período de formação permitindo, no entanto, uma maior disponibilidade e concentração na formação.

Independentemente do local onde é realizada, a formação tende a reduzir o absentismo e a rotação dos trabalhadores.

A formação tem impacto positivo na produtividade e/ou aumenta a qualidade dos bens e serviços prestados. Tal ocorre quer por via direta, como consequência de alterações na produção, quer por via indireta pelo impacto da redução dos níveis de reclamações e/ou devoluções por parte dos clientes, da redução de consumo e desgaste do material diminuindo o número de reparações, os custos das mesmas, limitando o tempo de imobilização dos instrumentos de trabalho bem como o número de acidentes de trabalho e de doenças profissionais entre os trabalhadores.

Por outro lado, a formação profissional constitui um custo indireto de mão de obra que terá de ser considerado pela organização.

A despesa suportada pelo empregador com a formação profissional dos seus trabalhadores, deduzidos eventuais subsídios, consubstancia-se, nomeadamente, em pagamento a monitores, custo com material pedagógico ou com os serviços prestados por organizações responsáveis pelo ministrar da formação.

Embora o dever de prestar formação profissional decorra da lei, frequentemente verifica-se uma assunção voluntária pelas empresas de um conjunto de estratégias na área da formação e qualificação dos recursos humanos que transcendem a obrigação de formação legalmente estabelecida visando responder às suas necessidades concretas.

A formação profissional na dimensão organizacional é um instrumento de gestão de acentuada importância estratégica.

Finalmente, há uma dimensão individual da formação profissional, que se traduz no facto desta se dirigir, por natureza, à valorização profissional dos trabalhadores[15]. A formação permite adquirir, aprofundar, consolidar conhecimentos e competências que são aplicáveis no exercício das respetivas funções e/ou que conduzem ao desempenho de novas funções, permitindo que o trabalhador aceda a novas áreas de responsabilidade.

A formação tem uma influência que transcende a perspetiva do desempenho individual, refletindo-se na empregabilidade do trabalhador. A formação profissional reforça a empregabilidade não apenas na perspetiva ativa do desenvolvimento da carreira ou da manutenção do emprego mas na perspetiva preventiva de requalificação e de reconversão, evitando saídas do mercado de trabalho ou permitindo rápidos regressos ao mesmo por via da qualificação.

Na sociedade moderna, cujo modelo de desenvolvimento se baseia, em grande medida, na concentração de capital, no uso intensivo de novas tecnologias que se modificam rapidamente e na flexibilização das relações de trabalho, cada indivíduo tem a responsabilidade e a possi-

---

[15] Também é recorrente a expressão: *desenvolvimento pessoal* que embora sugestiva tem uma amplitude e indefinição que nos leva a não a utilizar.

bilidade de construir a sua carreira profissional garantindo o seu emprego, no entanto este modelo de desenvolvimento expõe os trabalhadores à desqualificação, à rotatividade de emprego e a cíclicas saídas e entradas no mercado de trabalho, o que pode ser contrariado ou minimizado por via da formação profissional, traduzindo-se esta em aprendizagem ao longo de toda a vida ativa do trabalhador.

Por outro lado, a formação profissional contribui de maneira determinante para se alcançar um emprego de qualidade[16] na medida em que, pela sua diversificação e adaptabilidade, nomeadamente à evolução tecnológica e às constantes mutações dos mercados, permite aceder a empregos melhor remunerados, a uma vida profissional mais satisfatória, com capacidade para influenciar a competitividade e produtividade da organização onde se está inserido.

Nas palavras de Jean-Bernard Célestin "a formação é um elemento motor da qualidade do emprego"[17], sendo, através dela, mais fácil alcançar a sustentabilidade do emprego e uma cidadania plena.

Não obstante a multidisciplinaridade do tema da formação profissional, o presente estudo visa abordar o direito à formação profissional do trabalhador a partir duma análise jurídico-laboral, sem perder de vista a dimensão que a formação profissional assume na gestão da organização, em particular na gestão de recursos humanos, e no desenvolvimento do trabalhador.

O enfoque laboral da formação profissional far-se-á a partir da formação contínua em particular do dever de formação do empregador. Neste contexto, as ações de formação contínua têm um evidente caráter laboral pois destinam-se aos trabalhadores e tendem a refletir a estratégia de desenvolvimento da organização, ao contrário da formação inicial que tem uma natureza educativa destinada à inserção no mercado de trabalho e reinserção de desempregados.

---

[16] Segue-se a expressão utilizada por Jean-Bernard Célestin na sua obra "A qualidade do emprego".
[17] Jean-Bernard Célestin, cit., p. 55.

2. O impacto das novas tecnologias e dos novos modelos de organização do trabalho nas necessidades de formação dos trabalhadores

A organização científica do trabalho foi definida por Taylor como a aplicação de métodos de trabalho dirigidos a alcançar uma relação de equilíbrio entre os elementos materiais e humanos. Traduziu-se na segmentação de tarefas e na aplicação do método científico de investigação às questões geradas pelo desenvolvimento industrial, surgindo, neste contexto, uma necessidade muito limitada de formar os trabalhadores sobre a forma mais adequada de realizar as suas tarefas.

A organização baseada nos princípios tayloristas-fordistas implicava uma segmentação e, consequente, simplificação de tarefas limitando-se a cada trabalhador funções de realização da tarefa atribuída segundo as instruções recebidas, sem que se deixasse margem para maior desenvolvimento das suas competências profissionais.

Uma reduzida consideração pelo fator humano na organização do trabalho baseada nos métodos tayloristas-fordistas levou a resistências, desconfianças e hostilidades a estes métodos o que, aliado à crise do modelo de empresa, provocou o progressivo abandono do modelo de organização científica do trabalho.

A simplificação e fragmentação das tarefas dos trabalhadores, que tinha na sua conceção e pressuposto a limitação do trabalho humano e a procura da eliminação do erro, deu lugar a outros modelos organizativos que partem do trabalho de equipa e integram o trabalhador no resultado da atividade desenvolvida. Os modelos de organização do trabalho vigentes na atualidade requerem um trabalhador com iniciativa, formação, empenho na sua atividade, capaz de se integrar na dinâmica de grupo, com capacidade de adaptação às alterações tecnológicas, organizativas e, consequentemente, às modificações de posto de trabalho.

Passamos de um paradigma de um trabalhador sem qualificações, obrigado a praticar tarefas repetitivas e segmentadas que caracterizava os sistemas de organização tayloristas, para uma nova fase em que as organizações requerem trabalhadores polivalentes que carecem de uma atualização permanente ao nível da sua formação.

As novas formas de organização do trabalho partem da premissa oposta a Taylor, ou seja, o incremento da qualidade, a produtividade e flexibilidade – princípios essenciais a qualquer organização – dependem de uma utilização mais eficaz da força de trabalho conferindo primazia à autonomia, capacidade, desenvolvimento, empenho e formação do trabalhador.

A rápida e permanente alteração tecnológica nos sistemas de produção e postos de trabalho exigem que os sistemas de organização do trabalho integrem e se adaptem a essas alterações como em nenhum outro momento.

Por outro lado, as novas condicionantes do mercado determinam um ritmo produtivo e um sistema organizativo visando a produção de um produto de maior qualidade que incorpore valor acrescentado pelo trabalhador. A produção visa qualidade e diversificação pois o produto dirige-se a um consumidor mais exigente e com maior capacidade de aquisição de produtos.

Assim, a produção em massa de produtos iguais retrocede face a uma procura que visa encontrar uma produção de maior qualidade e que inova de forma permanente, trazendo com isso novas exigências quanto à organização do trabalho. Os sistemas de organização do trabalho atuais estão sujeitos a um duplo circunstancialismo que os pressiona no sentido de um permanente desenvolvimento e atualização da formação profissional dos trabalhadores, por um lado, a velocidade com que se verificam as alterações tecnológicas e, por outro, o mercado que procura bens de maior qualidade que incorporem diferenciação decorrente fundamentalmente do trabalho desenvolvido pelo capital humano das organizações.

O desenvolvimento da tecnologia de informação e comunicação ligado ao processo de globalização da economia conduz a novos modelos organizativos do trabalho na empresa, substancialmente distintos dos anteriores, que se centram na flexibilidade e competitividade.

Os novos modelos organizativos do trabalho colocam novas exigências aos trabalhadores e exigem novos trabalhadores – os trabalhadores do conhecimento. As organizações precisam e buscam trabalhadores que façam a diferença na organização e que façam a organização diferente no mercado.

A mudança do paradigma do trabalhador como consequência da mudança dos modelos organizativos do trabalho e das alterações estruturais que estiveram subjacentes a estas mudanças são sintetizadas por Peter Drucker quando afirmou em 1969 na sua obra *The Age of Discontinuity*, que "tornar o trabalho do conhecimento produtivo será o grande desafio de gestão deste século, tal como tornar o trabalho manual produtivo foi o grande desafio de gestão do século passado"[18].

Como ficou dito, a formação profissional é um elemento chave para a produtividade e para se vencerem os desafios colocados ao nível da gestão das organizações, pelo que cumpre agora iniciar a análise da sua vertente jurídica e determinar o respetivo conceito.

3. Formação profissional no ordenamento jurídico

O regime jurídico da formação profissional encontra-se regulado em várias fontes do nosso ordenamento jurídico as quais refletem as várias dimensões da formação profissional anteriormente analisadas e os vários sujeitos da formação profissional.

Ao nível das fontes do direito, as especialidades que se verificam relativamente ao direito do trabalho refletem-se no regime da formação profissional, na medida em que a matéria relativa a formação profissional é qualificada expressamente pelo Código do Trabalho como legislação do trabalho[19].

No que respeita às fontes internas assume papel de destaque a Constituição, a lei, os instrumentos de regulamentação coletiva de trabalho[20], nomeadamente as convenções coletivas, e os usos laborais.

A relevância e indispensabilidade da formação profissional foi reconhecida ao nível da lei fundamental.

---

[18] Thomas H. Davenport, cit., p. 19.
[19] O Código do Trabalho, no art. 469º, nº 2, alínea e), considera legislação do trabalho os diplomas que regulam a matéria da formação profissional.
[20] Referidos expressamente no art. 132º, nº 4, do CT.

A formação profissional é, em primeira linha, uma obrigação do Estado. Compete ao Estado promover e garantir o acesso dos cidadãos à formação profissional nomeadamente na fase de qualificação inicial dos jovens (art. 70º, nº 1, alínea a), da CRP e art. 67º, nº 1, do CT), em todas as fases da vida ativa dos trabalhadores (art. 58º, nº 2, alínea c), da CRP) em especial na requalificação profissional de desempregados visando a sua reintegração célere no mercado de trabalho e na promoção da integração sócio-profissional de grupos com particulares dificuldades de inserção[21].

A Constituição concebe a promoção da formação profissional como um meio de assegurar o direito ao trabalho de todos os cidadãos (art. 58º, nº 1 e nº 2, alínea c), da CRP). "Do que se trata, neste preceito, não é da educação e do ensino em geral, mas da formação e valorização dos trabalhadores em vista à sua melhor inserção e realização no mercado de trabalho"[22].

A obrigação de desenvolvimento da formação profissional não é exclusiva do Estado, podendo ser partilhada essa responsabilidade com a iniciativa privada e cooperativa.

A Constituição prevê a participação das estruturas de representação coletiva dos trabalhadores no desenvolvimento da formação profissional (art. 54º, nº 5, alínea c) e art. 56º, nº 2, alínea e) ambos da CRP).

A concretização do regime da formação profissional é realizado através de extensa legislação ordinária, de conteúdo muito variável quanto aos objetivos que prossegue e utilizando terminologia não harmonizada, a que não é alheio o facto da respetiva publicação ter ocorrido durante um período relativamente extenso no tempo.

Entre a legislação ordinária que trata da matéria da formação profissional, e que será objeto da nossa análise, encontra-se o Código do Trabalho e a respetiva regulamentação.

---

[21] No mesmo sentido o art. 6º, da Lei nº 7/2009, de 12 de fevereiro.
[22] Jorge Miranda e Rui Medeiros, Constituição Portuguesa Anotada, Tomo I, p. 590.

O Código do Trabalho trata da formação profissional, fundamentalmente, na perspetiva de formação profissional contínua que, como melhor se verá no ponto seguinte, é aquela cuja promoção se verifica no âmbito do contrato de trabalho.

O empregador tem como dever "contribuir para a elevação da produtividade e empregabilidade do trabalhador, nomeadamente proporcionando-lhe formação profissional adequada a desenvolver a sua qualificação" (art. 127º, nº 1, alínea d), do CT) e o trabalhador está obrigado a "participar de modo diligente em ações de formação profissional que lhe sejam proporcionadas pelo empregador" (art. 128º, nº 1, alínea d), do CT).

O Código do Trabalho consagra o direito dos trabalhadores receberem formação profissional e a correspetiva obrigação do empregador investir na formação do seu capital humano e criar as condições para o exercício desse direito à formação. O direito-dever do trabalhador à formação profissional é uma dimensão da formação contínua.

Os instrumentos de regulamentação coletiva de trabalho (IRCT), em particular as Convenções Coletivas de Trabalho regulam, frequentemente, ações de formação profissional, atendendo às necessidades do trabalhador e do empregador (art. 131º, nº 9 e art. 492º, nº 2, alínea b) ambos do CT).

Os IRCT são instrumentos de flexibilização e adaptação da formação profissional que se podem revelar de enorme importância prática na concretização da formação.

Os usos laborais também podem determinar a formação profissional em particular nas organizações que tenham a prática de realizar formação profissional no início do vínculo laboral como forma de conformação do trabalhador à cultura da empresa.

No que tange às fontes internacionais, cumpre, pela sua relevância e como ficou referido, sublinhar a importância das normas emitidas pela UE e pela OIT, enquanto fontes externas, na formação e revelação das normas relativas à formação profissional.

A UE dispõe de competência para desenvolver ações destinadas a apoiar, coordenar ou completar a ação dos Estados Membros no domínio da formação profissional e o direito comunitário é profuso neste domínio na medida em que há um forte investimento nas políticas de formação profissional ao nível da UE. A criação, em 1957, do Fundo Social Europeu e o desenvolvimento ininterrupto da sua atividade até ao presente, permitiu a execução de estratégias da União Europeia em matéria de emprego as quais sempre valorizaram a formação profissional através da promoção da adaptação dos trabalhadores do espaço europeu às permanentes exigências de um mercado de trabalho em constante evolução.

A OIT tem um papel fundamental ao nível das fontes pela emissão de convenções[23] e recomendações[24] na área da formação profissional. As convenções da OIT, sendo convenções internacionais, vigoram diretamente na ordem interna nos termos do disposto no art. 8º, nº 2, da Constituição da República Portuguesa. As recomendações embora não tenham caráter normativo contêm instruções que dentro do possível devem ser adotadas, ou pelo menos não devem ser contrariadas, pelas legislações nacionais.

A formação constitui um investimento, uma necessidade e uma obrigação legal que se impõe à comunidade, à organização e ao trabalhador sendo determinante apurar o respetivo conceito.

4. Conceito de formação profissional no Código do Trabalho

Antes de iniciarmos a análise do tratamento da formação profissional no Código do Trabalho há que definir o que se entende por formação profissional.

O conceito de formação profissional é determinante para delimitar o dever de formação a cargo do empregador cujo regime consta do Código do Trabalho (arts. 131º e segs., do CT) e para compreender o alcance de outras figuras previstas no Código do Trabalho que pressu-

---

[23] É o caso da Convenção nº 142 de 1975, relativa ao papel da orientação profissional e da formação profissional na valorização dos recursos humanos.
[24] São exemplos de recomendações relevantes na área da formação profissional: Recomendação nº 122 de 1964, relativa à política de emprego e a Recomendação nº 195 de 2004, relativa à valorização dos recursos humanos.

põem o conceito de formação profissional no seu regime, como é o caso do pacto de permanência (art. 137º, do CT).

O Código do Trabalho não define formação profissional e, como melhor se verá, utiliza apenas um conceito de formação profissional mas com amplitudes distintas, o que torna essencial proceder à concretização do que se entende por formação profissional em cada situação.

Para se alcançar o conceito de formação profissional, em particular o conceito de formação profissional contínua, temos de olhar para o ordenamento no seu todo, uma vez que o "sentido de cada fonte está em necessária conexão com o de todas as outras, pelo que será adulterado se o pretendermos tomar isoladamente"[25] e aferir se existe no nosso ordenamento jurídico uma definição de formação profissional. Em caso afirmativo, há que determinar se a mesma é apta para ser usada como a definição de formação profissional para efeitos de interpretação e aplicação do Código do Trabalho.

O ordenamento jurídico português contém uma definição de formação profissional e uma definição de formação contínua.

O DL nº 396/2007, de 31 de dezembro, que estabelece o Regime Jurídico do Sistema Nacional de Qualificações (RJSNQ) e indica as estruturas que regulam o seu funcionamento, define formação profissional como a "formação com o objetivo de dotar o indivíduo de competências com vista ao exercício de uma ou mais atividades profissionais" (art. 3º, alínea d), do DL nº 396/2007, de 31 de dezembro).

Esta definição, embora não totalmente conseguida, na medida em que integra na definição aquilo que pretende definir, constitui o nosso ponto de partida e abrange toda e qualquer situação formativa.

O mesmo diploma contém, igualmente, uma definição de formação contínua. O RJSNQ define formação contínua como "a atividade de educação e formação empreendida após a saída do sistema de ensino ou após o ingresso no mercado de trabalho que permita ao indivíduo

---

[25] José de Oliveira Ascensão, O Direito – Introdução e Teoria Geral, p. 392.

aprofundar competências profissionais e relacionais, tendo em vista o exercício de uma ou mais atividades profissionais, uma melhor adaptação às mutações tecnológicas e organizacionais e o reforço da sua empregabilidade." (art. 3º, alínea g), do DL nº 396/2007, de 31 de dezembro).

Cumpre aferir a aptidão das definições para serem utilizadas na interpretação e aplicação do Código do Trabalho, sempre que se fizer referência a formação profissional.

Por um lado, nestas circunstâncias, o elemento sistemático impõe ao interprete que tenha em conta a unidade do sistema jurídico, o que leva, necessariamente, a que se conclua pela adequação dos conceitos amplos, de formação profissional e de formação profissional contínua, de que partimos e as referências ao conceito de formação profissional constantes do Código do Trabalho (art. 9º, nº 1, do CC). Segundo Pedro Eiró, "a existência de um sistema implica a coordenação entre os elementos componentes, os quais terão de ser homogéneos entre si. O sistema não comporta contradições entre leis que dele fazem parte."[26].

Para além da coerência inerente ao sistema jurídico, a coerência entre o RJSNQ e o Código do Trabalho resulta ainda, e de forma expressa, de referências literais a expressões e conceitos jurídicos comuns a ambos os diplomas (art. 9º, nº 1, do CC).

Existe a remissão expressa constante do Código do Trabalho para o Regime Jurídico do Sistema Nacional de Qualificações (SNQ) feita a propósito da formação contínua pelo art. 131º, nº 3, do CT. O legislador do Código do Trabalho, versão de 2009, introduziu a referência ao regime jurídico do Sistema Nacional de Qualificações, por natureza omissa da versão de 2003 do Código do Trabalho, incorporando a alteração refletida pelo ordenamento.

Por outro lado, a referência efetuada no Código do Trabalho às expressões: *Sistema Nacional de Qualificações* (art. 131º, nº 3, do CT) *cader-*

---

[26] Pedro Eiró, Noções elementares de direito, p. 162.

neta individual de competências (art. 131º, nº 3, do CT); *processo de reconhecimento, validação e certificação de competências* (art. 131º, nº 4 e 7, do CT); *entidade formadora certificada* (art. 131º, nº 3, do CT); *dupla certificação* (art. 131º, nº 7, do CT) e *formação certificada* (art. 275º, nº 1, al. a), do CT), constitui a incorporação na versão de 2009 do Código do Trabalho de denominações e conceitos técnico-jurídicos a que corresponde um significado específico instituído pelo RJSNQ.

Finalmente, um dos objetivos do SNQ é "promover a efetividade do direito individual dos trabalhadores à formação anual certificada"[27] cuja consagração e regime consta no Código do Trabalho, pelo que existe uma complementaridade entre os dois diplomas.

As alterações introduzidas no regime jurídico da formação profissional no Código do Trabalho versão de 2009 são o resultado da definição como objetivo do modelo desejável de relações laborais, pela comissão do Livro Branco, da promoção do reconhecimento das competências, do acesso à formação e do aumento da qualificação[28].

Assim, partimos dos conceitos gerais de formação profissional e de formação contínua constantes do art. 3º, alíneas d) e g), do RJSNQ. Tratam-se de conceitos complementares em que o conceito de formação contínua é mais restrito que o conceito de formação profissional.

Do ponto de vista do Código do Trabalho, o conceito de formação contínua definido no RJSNQ é, ainda, muito amplo pois abrange a formação realizada fora da relação laboral e "empreendida após a saída do sistema de ensino".

O Código do Trabalho, no art. 130º, restringe o conceito de formação profissional pela concretização dos seus objetivos que pressupõem a existência de um vínculo laboral, ou seja, um efetivo ingresso no mercado de trabalho.

O art. 130º do Código do Trabalho indica os objetivos da formação profissional a serem prosseguidos em cada ação formativa, enunciando,

---

[27] Art. 2º, nº 1, alínea h), do DL nº 396/2007, de 31 de dezembro.
[28] Comissão do Livro Branco das Relações Laborais, Livro Branco das Relações Laborais, p. 11.

de forma ampla, que os mesmos consistem em: i) Proporcionar qualificação inicial a jovem que ingresse no mercado de trabalho sem essa qualificação; ii) Assegurar a formação contínua dos trabalhadores da empresa; iii) Promover a qualificação ou reconversão profissional de trabalhador em risco de desemprego; iv) Promover a reabilitação profissional de trabalhador com deficiência, em particular daquele cuja incapacidade resulta de acidente de trabalho; v) Promover a integração sócio-profissional de trabalhador pertencente a um grupo com particulares dificuldades de inserção.

O legislador ao definir, no Código do Trabalho, estes objetivos está a transmitir que esses são os fins que de forma, direta ou indireta, devem estar presentes em toda a formação profissional.

Embora se tenha avançado a conclusão, o teor do art. 130º do CT impõe que se questione se a formação profissional aí referida apenas tem lugar no âmbito do vínculo laboral ou se, pelo contrário, também abrange aquela que se desenvolve fora do contrato de trabalho.

Para que o art. 130º do CT tenha conteúdo útil no confronto com o art. 6º, nº 2, da L. nº 7/2009 de 12 de fevereiro, diploma que aprova a revisão do Código do Trabalho, que diz que "compete ao Estado, em particular, garantir a qualificação inicial de jovens que pretendem ingressar no mercado de trabalho, a qualificação ou a reconversão profissional de desempregados, com vista ao seu rápido ingresso no mercado de trabalho, e promover a integração sócio-profissional de grupos com particulares dificuldades de inserção, através do desenvolvimento de ações de formação profissional especial.", tem que se concluir que o art. 130º do CT se aplica à formação contínua promovida em contexto laboral como resulta, igualmente, da inserção sistemática do preceito.

O art. 6º, nº 2, da L. nº 7/2009 de 12 de fevereiro diz-nos que existe formação profissional para além do contrato de trabalho, contudo não é essa realidade objeto de consagração no Código do Trabalho e respetiva regulamentação. Foi por esse motivo que o legislador remete a proclamação das obrigações do Estado em matéria de formação profissional para o diploma preambular que aprova o Código do Trabalho.

A formação profissional a que o art. 130º do CT se refere é a formação que se desenvolve no âmbito do contrato de trabalho.

Tal como o entendemos, o art. 130º do Código do Trabalho aplica-se a toda a formação em contexto laboral ou formação profissional contínua onde se inclui o dever de formação. A aplicação do art. 130º do Código do Trabalho transcende o regime do dever de formação profissional a cargo do empregador não obstante se encontrar previsto na subsecção que o regula.

Para aplicação do regime do dever de formação, o art. 130º do Código do Trabalho tem uma importante expressão formal porque um dos elementos que deve constar, expressamente, dos planos de formação é o objetivo que se pretende alcançar com a formação (art. 13º, nº 2, da L. nº 105/2009, de 14 de setembro), impondo-se a correspondência entre os objetivos da organização e os objetivos indicados no art. 130º do Código do Trabalho. Todavia, o cumprimento do art. 13º, nº 2, da L. nº 105/2009, de 14 de setembro não se alcança com a mera indicação formal por remissão para o disposto no art. 130º do CT pressupondo, sobretudo, uma concretização material daqueles que são os objetivos a alcançar com determinada ação formativa.

No âmbito do Código do Trabalho, nomeadamente para o dever de formação e para o pacto de permanência, o conceito de formação contínua é aquele que assume maior relevância.

A formação contínua, no sentido de ser a formação ministrada durante a vigência do contrato de trabalho, é o conceito que, regra geral, o Código do Trabalho pressupõe sempre que se refere a formação profissional.

A formação contínua pode corresponder ou não, conforme as circunstâncias, ao direito-dever à formação. A noção de formação contínua transcende o direito-dever[29] de formação profissional previsto nos arts. 131º e segs., do Código do Trabalho.

---

[29] Júlio Gomes, Direito do Trabalho, vol. I, p. 561.

Por um lado, encontramos, uma noção de formação profissional contínua em sentido amplo ou pleno, a qual corresponde à formação que é desenvolvida durante a relação de trabalho e permite ao trabalhador aprofundar competências profissionais e relacionais, tendo em vista o exercício de uma ou mais atividades profissionais, uma melhor adaptação às mutações tecnológicas e organizacionais e o reforço da sua empregabilidade. Como ficou exposto, o conceito de formação contínua que se recorta da conjugação da definição constante do Regime Jurídico do Sistema Nacional de Qualificações e do disposto no art. 130º do Código do Trabalho, é mais amplo que o conceito de formação contínua exigido pelo regime que instituiu o direito individual à formação e é aquele que é genericamente utilizado no Código do Trabalho.

Existe um sentido restrito de formação contínua que coincide com a que é realizada no cumprimento do dever geral de formação e existe um sentido amplo de formação contínua que abrange toda a formação realizada na vigência do contrato de trabalho onde se inclui o dever geral de formação.

O sentido amplo de formação contínua a que se chegou é utilizado no pacto de permanência (art. 137º nº 1, do CT), no pacto de não concorrência (art. 136º, nº 2, al. c), do CT), nas disposições sobre igualdade e não discriminação (art. 25º, nº 3 e 6, art. 26º, nº 4, art. 29º, nº 1 e art. 30º, nº 1 e 3 todos do CT), da formação de menor (art. 67º, nº 2 e art. 70º, nº 5 ambos do CT), quanto ao trabalhador com deficiência ou doença crónica (art. 86º, do CT), no âmbito das funções acessórias (art. 118º, nº 4, do CT), dos deveres do empregador (art. 127º, nº 1, al. d), do CT), dos deveres do trabalhador (art. 128º, nº 1, al. d), do CT), dos objetivos da formação profissional (art. 130º, do CT), do trabalho temporário (art. 187º, nº 3 e 4 e art. 189º, nº 4 ambos do CT), das deslocações no âmbito da formação profissional (art. 193º, nº 2, do CT), do trabalho suplementar (art. 226º, nº 3, al. d), do CT), da situação de crise empresarial (art. 302º nº 1, 303º, nº 1, al. a) e art. 304º, nº 1, al. c), 305º, nº 5, todos do CT), da licença sem retribuição (art. 317º, do CT), do despedimento por inadaptação (art. 375º e art. 376º, ambos do CT), da elaboração de planos e relatórios de formação profissional pela comissão de trabalhadores os quais transcendem os que se encontram previstos no regime do direito-dever de formação profissional (art. 423º, nº 1, al. c), do CT), no âmbito do controle de gestão (art. 426º, nº 2, al. d), do CT) e do conteúdo de convenção coletiva (art. 492º, nº 2, al. b), do CT).

A aptidão do conceito de formação contínua, em sentido amplo, para abranger situações tão díspares como aquelas que se encontram previstas no Código do Trabalho decorre da respetiva amplitude.

Por outro lado, podemos ter uma formação contínua de âmbito mais restrito que coincide com o direito individual de cada trabalhador à formação e cujo regime jurídico se encontra desenvolvido nos arts. 131º e segs., do Código do Trabalho. A formação contínua em sentido restrito coincide com o dever geral de formação e consiste na obrigação, legalmente estabelecida, do empregador assegurar um número mínimo de horas de formação profissional anual.

O Código do Trabalho ao prever um regime que institui um dever de formação a cargo do empregador consagra uma forma de desenvolvimento de formação contínua que consiste no direito-dever de ministrar formação profissional aos trabalhadores de uma organização.

É essencial ter-se presente o contorno deste conceito de formação contínua, pois o mesmo constitui, consoante as circunstancias, a medida da obrigação das partes na relação laboral.

No nosso estudo iremos analisar a formação profissional em contexto laboral, e, em particular, a formação profissional enquanto direito do trabalhador e dever do empregador embora tendo sempre consciência da realidade mais ampla que constitui a formação profissional a qual tem uma dimensão que transcende o vínculo laboral.

O regime do direito-dever de formação encontra-se previsto nos artigos 131º e seguintes do Código do Trabalho, bem como na respetiva regulamentação e não esgota o conceito de formação contínua. O direito-dever de formação é uma parte da formação contínua.

Sempre que a formação decorra fora do contexto laboral, o conceito de formação profissional constante do art. 3º, alínea d), do DL nº 396//2007, de 31 de dezembro deve ser aplicado.

Capítulo II
Regime jurídico do dever de formação no Código do Trabalho

Secção I
Regime geral

1. O dever geral de formação
O dever geral de formação consiste na obrigação, legalmente estabelecida, do empregador assegurar em cada ano, a, pelo menos, 10% dos seus trabalhadores, um número mínimo de horas de formação profissional.

As duas versões da LCT haviam consagrado, no art. 42º, um dever genérico de formação por parte do empregador aos seus trabalhadores. Esse dever genérico do empregador, declarado pela LCT, de proporcionar aos seus trabalhadores meios de formação e aperfeiçoamento profissional não tinha quaisquer normas que concretizassem, desenvolvessem ou assegurassem a respetiva realização.

Em 2003, o Código do Trabalho consagrou o regime jurídico do dever de formação. A obrigação de ministrar formação profissional do empregador aos respetivos trabalhadores passa de um dever genérico com contornos pouco definidos a uma obrigação perfeitamente concretizada com mecanismos que garantem a sua realização.

A esta obrigação do empregador corresponde o direito individual de cada trabalhador beneficiar de formação profissional. A propósito da referência efetuada pelo art. 58º, nº 2, al. c), da Constituição à formação profissional enquanto meio de assegurar o direito ao trabalho, J. J. Gomes Canotilho e Vital Moreira referem que "esta formação é indissociável do direito ao trabalho, configurando-se aqui um direito individual do trabalhador à formação"[30].

Esta obrigação legal de proporcionar formação profissional constitui a concretização de um direito fundamental que coincide com um direito de personalidade que é o direito de aprender e de ensinar[31], o qual abrange, para além das atividades escolares, todas as atividades extra escolares particularmente a formação profissional[32].

Assim, ao dever geral de formação da responsabilidade do empregador, que abrange 10% do quadro de pessoal da organização, contrapõe-se um direito individual do trabalhador à formação.

A obrigação do empregador promover a formação profissional dos seus trabalhadores, sempre que for exercida por iniciativa da organização, constitui uma concretização do seu poder de direção. É o empregador que faz o diagnóstico das necessidades de formação da organização e desenvolve o planeamento e execução da formação profissional tendente a alcançar os objetivos propostos.

A previsão, no Código do Trabalho, de um dever de formação do empregador configura, para o trabalhador, um direito subjetivo à formação profissional decorrente da relação laboral e dotado de proteção jurídica que permite assegurar o seu exercício.

O direito a beneficiar de formação profissional decorre de um expresso reconhecimento legal, que confere ao trabalhador a correspondente posição jurídica, garantindo-se a sua efetividade pela consagração de mecanismos de tutela do direito perante comportamentos que possam pôr em causa o seu exercício.

---

[30] J. J. Gomes Canotilho e Vital Moreira, Constituição da Republica Portuguesa Anotada, p. 765.
[31] Vide art. 70º, nº 1, al. a) e art. 73º, nº 2, da CRP; art. 26º da DUDH.
[32] Rabindranath Capelo de Sousa, O direito Geral de Personalidade, pp. 277 e segs.

O crédito de horas, enquanto concessão de tempo para frequência de formação da iniciativa do trabalhador, bem como a atribuição de um subsídio para pagamento do custo da formação instituído por instrumento de regulamentação coletiva de trabalho ou mediante acordo individual, constituem exemplos dessas garantias de exercício do direito que se encontram consagrados no art. 132º, do Código do Trabalho.

Os trabalhadores não têm a possibilidade de determinar a sua integração no conjunto dos trabalhadores correspondente aos 10% do quadro de pessoal que beneficia, em cada ano, de formação profissional promovida pelo empregador na medida em que a determinação dos trabalhadores que devem receber formação constitui uma decisão de gestão, tomada, por natureza, no seio da organização segundo critérios que podem são coincidir com o estrito interesse dos trabalhadores individualmente considerado.

A não promoção da formação contínua a 10% dos trabalhadores constitui uma contraordenação grave por violação do disposto no nº 1, 2 ou 5 do art. 131º, do Código do Trabalho, disposições que consagram os traços essenciais do regime do dever geral de formação (art. 131º, nº 10, do CT).

O tratamento jurídico autónomo do dever de formação profissional a cargo do empregador constituiu uma inovação do Código do Trabalho de 2003, complementada pela Regulamentação do Código do Trabalho de 2004.

A exposição de motivos da proposta de lei nº 29/IX[33] que aprovou o Código do Trabalho de 2003, sublinha como uma das alterações decorrentes do Código do Trabalho a "Introdução de um dever geral de formação, tendo presente que se trata de um interesse comum das partes" (ponto 3.4, IV, al. g), da proposta de lei nº 29/IX).

O Código do Trabalho de 2009 procurou aperfeiçoar o regime que, na sua essência, foi definido pelo Código do Trabalho de 2003 e que

---

[33] Publicada no Diário da Assembleia da República, II Série A – Número 042 em 15 de novembro de 2002.

durante o respetivo período de vigência não contribuiu para que se verificasse o esperado incremento da formação profissional.

O regime jurídico que prevê o dever geral de formação encontra-se previsto no Código do Trabalho, máxime nos artigos 131º a 134º, e na respetiva regulamentação.

É a realização de formação no âmbito do vínculo laboral que o legislador do Código do Trabalho considera constituir um dever do empregador.

O empregador tem o dever de contribuir para a elevação da produtividade e empregabilidade do trabalhador, nomeadamente proporcionando-lhe ações de formação profissional adequadas a desenvolver a sua qualificação (art. 127º, nº 1, alínea d), do CT). Este dever do empregador encontrava-se parcialmente consagrado no Código do Trabalho de 2003 (art. 120º, alínea d), do CT de 2003)[34], tendo o Código do Trabalho de 2009 aditado como dever do empregador a promoção da empregabilidade do trabalhador[35].

Por outro lado, o reforço da empregabilidade do trabalhador é um dos objetivos da formação profissional resultando do conceito acima referido constante do RJSNQ.

Também no âmbito do regime do dever geral de formação se faz referência, no art. 131º, nº 1, alínea a), do Código do Trabalho, ao dever do empregador "promover o desenvolvimento e a adequação da qualificação do trabalhador, tendo em vista melhorar a sua empregabilidade e aumentar a produtividade e a competitividade da empresa".

---

[34] No mesmo sentido, o art. 19º, alínea d), da LCT indicava constituir um dever da entidade patronal contribuir para a elevação do nível de produtividade do trabalhador.
[35] Na proposta de Lei nº 216/X, que aprovou a revisão do Código do Trabalho de 2009, publicada no Diário da Assembleia da Republica, II Série A – Número 131 de 11 de julho de 2008 diz-se: "Nesse sentido, a revisão da legislação laboral enquadra-se numa estratégia de reforma mais ampla, que prevê a criação de outros instrumentos indispensáveis ao efetivo crescimento económico, à melhoria da competitividade empresarial, ao aumento da produtividade, à melhoria da empregabilidade dos cidadãos e da qualidade do emprego, uma estratégia norteada, também no sentido do combate às desi-

A referência à empregabilidade é o reconhecimento que a formação profissional garante-a e promove-a, assumindo relevo numa época de crise económica e de subida da taxa de desemprego. Por essa razão, o Código do Trabalho de 2009 aponta a promoção da empregabilidade como um dos objetivos da formação profissional.

A abertura generalizada dos mercados mundiais, a globalização e as inovações tecnológicas levaram a um consequente ajustamento das organizações a uma nova realidade, obrigando-as a modernizarem os seus sistemas e processos produtivos. As alterações verificadas nas organizações traduziram-se na implementação de novas tecnologias, desenvolvimento das competências dos respetivos colaboradores e conduziram a constantes reduções de recursos humanos com o consequente afastamento do paradigma do vínculo laboral para toda a vida ativa do trabalhador.

Esta realidade existia em 2003, mas a importância crescente da formação profissional, o advento da crise económica e financeira mundial e a consequente subida acentuada do nível de desemprego levaram o legislador a introduzir a referência à promoção da empregabilidade do trabalhador como dever do empregador (art. 127º, nº 1, alínea d), do CT) e como objetivo da formação (arts. 127º, nº 1, alínea d) e 131º, nº 1, alínea a) ambos do CT).

O legislador toma posição quanto ao conceito de empregabilidade adotando um conceito integrado em que também abrange o empregador como responsável na empregabilidade do trabalhador e afasta-se da perspetiva estritamente individual de empregabilidade que responsabiliza apenas os trabalhadores pelo acesso a oportunidades de emprego e de conservação dos postos de trabalho.

O legislador do Código do Trabalho de 2009 adota uma conceção de empregabilidade de dupla responsabilização a qual "embora mantenha a ênfase no indivíduo e nas suas capacidades, admite que a empregabilidade individual não pode ser dissociada dos modos de

gualdades e da promoção da partilha mais equitativa dos resultados do progresso económico.".

funcionamento do mercado de trabalho. Neste sentido, a empregabilidade não é um estado, mas um processo que se constrói na interação entre as estratégias e os recursos individuais, por um lado, as dinâmicas macroeconómicas e as estratégias empresariais, por outro"[36].

Como corolário do dever de formação a cargo do empregador existe, ainda, a obrigação do empregador reconhecer e valorizar a qualificação adquirida pelo trabalhador (art. 131º, nº 1, alínea d), do CT). Trata-se de uma obrigação que visa garantir recompensa aos que investem em formação profissional, embora seja uma norma que apresenta desafios na sua aplicabilidade.

O empregador pode reconhecer e valorizar a qualificação adquirida pelo trabalhador no âmbito da formação profissional, nomeadamente, através dos seguintes efeitos na sua situação jurídico-laboral: i) Progressão na carreira profissional traduzida na mobilidade interna em função do mérito seja por via da promoção no âmbito da mesma carreira seja através da alteração de carreira; ii) Passagem dos trabalhadores com vínculo precário para vínculos permanentes; iii) Incremento remuneratório[37].

O Código do Trabalho de 2009 introduziu, como espelho do dever de formação a cargo do empregador, o dever do trabalhador "Participar de modo diligente em ações de formação profissional que lhe sejam proporcionadas pelo empregador" (art. 128º, nº 1, alínea d), do CT). A inovação é, exclusivamente, sistemática pois este dever do trabalhador estava expresso na versão de 2003 do Código do Trabalho – art. 123º, nº 2 – a qual continha idêntico preceito como princípio geral integrado na subsecção II dedicada à formação profissional.

---

[36] Natália Alves, Sisifo, Revista de Ciências da Educação, nº 2, Jan./Abr. 2007, p. 62.
[37] Um exemplo de aumento remuneratório decorrente de formação profissional pode ser encontrado no direito comparado. No Wisconsin, Estados Unidos da América, o instrumento de regulamentação coletiva de trabalho celebrado pelo município de Two Rivers e o sindicato de bombeiros previa que os bombeiros que obtivessem formação paramédica certificada teriam um aumento de 3% no seu salário.

Não obstante o caráter sistemático da mudança, a mesma parece-nos significativa uma vez que ao afirmar o dever do trabalhador e ao colocá-lo junto de outros deveres como a pontualidade, a assiduidade e o zelo na realização das suas funções responsabiliza o trabalhador e transmite inequivocamente, e no local próprio, a conceção que formação profissional implica empenho e envolvimento não constituindo, tão só, um direito dos trabalhadores correspetivo do dever de formação a cargo do empregador.

O Código do Trabalho de 2009, ao consagrar este novo dever do trabalhador, transmite que os trabalhadores têm de investir na formação contínua, adquirindo competências e capacidades que são valorizadas no mercado e que se traduzem em maior empregabilidade.

O trabalhador tem que participar de forma diligente nas ações de formação profissional que lhe sejam proporcionadas. Trata-se de uma obrigação que tem como destinatários os beneficiários da prestação formativa, os trabalhadores com contrato de trabalho.

A recusa ilegítima de participação em ações de formação que lhe sejam proporcionadas pelo empregador, ausências não justificadas do trabalhador que inviabilizem a formação ou a falta de diligência verificada durante a participação na ação formativa constituem comportamentos violadores de um dever a que o trabalhador se encontra sujeito por força do vínculo contratual com repercussão no desenvolvimento da relação laboral (art. 128º, nº 1, al. d), do CT). Trata-se de comportamentos omissivos imputáveis ao trabalhador que configuram uma infração de um dever decorrente do vínculo laboral suscetível de gerar responsabilidade disciplinar[38].

---

[38] O STJ em acórdão proferido em 25/02/2009 no processo nº 08S2461 e disponível em *www.dgsi.pt* decidiu que "Constitui justa causa de despedimento a recusa do trabalhador em frequentar uma ação de formação com vista a prepará-lo para exercer cabalmente as funções de Chefe de Setor de peixaria.". A argumentação do STJ é realizada à luz da LCT nos seguintes termos: "Na verdade, estando a entidade patronal obrigada a "proporcionar aos seus trabalhadores meios de formação e aperfeiçoamento profissional" (art. 42º, nº 1, da LCT – regime jurídico do contrato individual de trabalho aprovado pelo Decreto-Lei

O Código do Trabalho de 2009 não manteve a regra constante no Código do Trabalho de 2003 (art. 123º, nº 2, do CT de 2003), que previa expressamente que o trabalhador pudesse invocar motivo atendível para não realizar formação profissional embora idêntica solução decorra da aplicação dos princípios gerais. Tal como afirma Pedro Romano Martinez "diferentemente da regra de 2003, onde se admitia que o trabalhador poderia invocar motivo atendível, deixa de se prever tal exceção; ainda assim, os princípios gerais apontam para a sua manutenção"[39]. O legislador considerou tratar-se de uma redundância e optou por eliminar essa referência expressa à possibilidade de invocação de motivo atendível para a não realizar formação profissional por parte do trabalhador.

No âmbito da aplicação do dever geral de formação, o empregador deve dar preferência na determinação dos trabalhadores elegíveis para a realização de ações de formação profissional, às seguintes categorias:

a) Nos casos em que a ação de formação profissional seja dirigida a uma profissão exercida predominantemente por trabalhadores de um dos sexos, o empregador deverá dar, sempre que se justifique, preferência a trabalhadores do sexo que possua menor representação;
b) Trabalhadores com escolaridade reduzida ou sem qualificação profissional;
c) Trabalhadores que tenham constituído família monoparental;
d) Trabalhadores que tenham gozado de licença parental ou de adoção.

---

nº 49.408, de 24/11/69, vigente à data dos factos em apreço nos autos) e a contribuir para a elevação do nível de produtividade dos seus trabalhadores (art. 19º, al. d), da LCT), é óbvio que a organização de ações de formação ainda se insere no poder diretivo do empregador, daí decorrendo a obrigatoriedade da sua frequência para os trabalhadores a que as mesmas são destinadas, constituindo a recusa de tal frequência uma violação do dever de obediência previsto no art. 19º, nº 1, alínea c), da LCT.".

[39] Pedro Romano Martinez e outros, Código do Trabalho Anotado, p. 360.

O legislador aponta estes critérios de preferência na determinação da escolha dos trabalhadores a serem objeto de formação profissional do âmbito do dever de formação sem os impor de forma absoluta como decorre da forma não imperativa com que o nº 3, do art. 30º, do Código do Trabalho estatui os critérios de preferência sem submeter a violação dos mesmos a qualquer sanção.

Trata-se de critérios de preferência na escolha de trabalhadores para beneficiarem de formação profissional que devem ser observados sempre que se verifiquem as condições da sua aplicabilidade. A boa fé como princípio estruturante da relação laboral desempenha um papel insubstituível na aplicação destes critérios de preferência.

O nº 3, do art. 30º, do Código do Trabalho não visa apenas garantir a igualdade e a não discriminação em função do sexo mas estabelece critérios de preferência gerais no âmbito do dever de formação que devem ser seguidos pelo empregador na planificação da formação dos seus trabalhadores.

Uma referência final para o valor da remuneração mínima mensal garantida aplicável ao trabalhador que se encontre em situação de formação certificada. A formação certificada consiste na "formação desenvolvida por entidade formadora certificada para o efeito ou por estabelecimento de ensino reconhecido pelos ministérios competentes"[40]. É admitido que os trabalhadores, nestas circunstâncias, possam sofrer uma redução até 20% sobre o montante correspondente à remuneração mínima mensal garantida (art. 275º, nº 1, al. a), do CT).

Esta redução não pode operar por período superior a um ano sendo considerado, no cômputo desse prazo, o período de formação ao serviço de outro empregador, desde que se encontre documentado e tenha por objeto a mesma qualificação.

O referido período de um ano poderá ser reduzido para seis meses no caso de trabalhador habilitado com curso técnico-profissional ou curso obtido no sistema de formação profissional qualificante para a respetiva profissão.

---

[40] Art. 3º, alínea f), do DL nº 396/2007, de 31 de dezembro.

2. Número mínimo de horas de formação profissional anuais

A cada trabalhador deverá ser assegurado um número mínimo de trinta e cinco horas de formação profissional por ano[41].

No período inicial de vigência do Código do Trabalho, mais concretamente até ao ano de 2006, o número mínimo de horas de formação assegurado pelo empregador era de vinte horas por ano. Subsequentemente, o período mínimo de horas de formação anual passou para as atuais trinta e cinco horas. Este esquema de progressividade foi definido *ab initio* pelo legislador do Código do Trabalho de 2003 (art. 125º, nº 3 e 4, do CT de 2003).

Tratando-se de um trabalhador contratado a termo por período igual ou superior a três meses, a lei estipula que tem direito a um número mínimo de horas proporcional à duração do contrato nesse ano.

Na versão de 2003 do Código do Trabalho, o direito individual à formação vencia-se no dia 1 de janeiro de cada ano civil. Segundo o Código do Trabalho de 2003, no ano da contratação o trabalhador – contratado por tempo indeterminado ou a termo – adquiria direito à formação após seis meses de duração do contrato, devendo o número de horas de formação ser proporcional à duração do contrato. Isto significava que, se no ano da contratação não se chegasse a verificar o decurso de seis meses de duração do contrato, não havia lugar a formação profissional.

Assim, num esquema decalcado do regime das férias, o Código do Trabalho de 2003 permitia que nos contratos de trabalho que no ano da contratação não atingissem os seis meses de duração não houvesse lugar a formação profissional.

---

[41] Como melhor se verá quando analisarmos o trabalho temporário, a formação profissional de trabalhador temporário deve ter a duração mínima de oito horas sempre que a duração do seu contrato de trabalho, incluindo renovações, ou o conjunto dos contratos de trabalho temporário sucessivamente celebrados num ano civil, seja superior a três meses. A formação do trabalhador temporário pode ser aumentada de acordo com o nº 2 do art. 131º, do CT ex vi art. 187º, nº 2, do CT.

Na versão de 2009 do Código do Trabalho, o legislador teve a preocupação de flexibilizar, facilitar e ampliar o acesso à formação profissional.

No que respeita aos trabalhadores com vínculo por tempo indeterminado desapareceu a limitação que se traduzia na obrigatoriedade de se completarem seis meses de duração do contrato de trabalho como condição para o trabalhador adquirir direito à formação.

O trabalhador tem direito, por ano civil, a trinta e cinco horas de formação. No ano da contratação, se o início do vínculo laboral não coincidir com o início do ano civil, o trabalhador terá direito ao período proporcional de horas de formação, as quais serão utilizadas quando se revelar mais conveniente.

Quanto aos trabalhadores com contrato de trabalho a termo reduziu-se de seis para três meses o período de tempo de duração efetiva do contrato de trabalho para que o trabalhador adquira o direito a beneficiar de formação profissional proporcional à duração do contrato nesse ano.

No âmbito do cumprimento do número mínimo de horas anuais de formação profissional, é aplicável o regime do trabalhador-estudante[42] aos períodos de dispensa de trabalho para frequência de aulas e de faltas para prestação de provas de avaliação, bem como os períodos de ausência a que haja lugar no âmbito de processo de reconhecimento, validação e certificação de competências (art. 131º, nº 4, do CT).

---

[42] O legislador de 2009 alterou a noção de trabalhador-estudante passando a considerar-se trabalhador-estudante o trabalhador que frequenta qualquer nível de educação escolar, bem como curso de pós-graduação, mestrado ou doutoramento em instituição de ensino, ou ainda curso de formação profissional ou programa de ocupação temporária de jovens com duração igual ou superior a seis meses (art. 89º, do CT). Na versão de 2003 do CT, a noção de trabalhador-estudante não abrangia a formação profissional. O art. 79º, do CT de 2003 estabelecia: "Considera-se trabalhador-estudante aquele que presta uma atividade sob autoridade e direção de outrem e que frequenta qualquer nível de educação escolar, incluindo cursos de pós-graduação, em instituição de ensino.".

A lei considera contabilizáveis nas trinta e cinco horas anuais que constituem a obrigação de formação do trabalhador, as horas de dispensa de trabalho para frequência de aulas e as faltas para prestação de provas de avaliação, ao abrigo do regime de trabalhador-estudante, bem como as ausências a que haja lugar no âmbito de processo de reconhecimento, validação e certificação de competências.

O empregador deve assegurar, em cada ano, a efetiva realização de formação profissional a uma percentagem de, pelo menos, 10% dos trabalhadores da organização (art. 131º, nº 5, do CT).

A opção do legislador visa levar o empregador a desenvolver comportamentos ativos no sentido da efetiva promoção da formação profissional na organização.

Face à obrigatoriedade do regime da formação profissional e aos objetivos de desenvolvimento da formação profissional, a percentagem de 10% correspondente à efetiva realização de formação profissional de iniciativa da organização constitui uma percentagem muito baixa e marca um afastamento entre o planeamento da organização ao nível da formação e os objetivos dos trabalhadores na medida em que 90% dos mesmos podem desenvolver atividades formativas não submetidas ao planeamento e estratégia da organização (art. 133º, nº 2, do CT).

Permitir que as organizações, ainda que elevada percentagem das mesmas tenha reduzida dimensão e não possua estruturas de gestão qualificadas, se encontrem vinculadas a assegurar uma percentagem anual de qualificação de apenas 10% dos seus trabalhadores constitui um fator limitador do desenvolvimento da formação profissional em Portugal.

Em consonância com o exposto, no âmbito do dever de formação, o empregador deve promover a formação profissional desenvolvendo e adequando as qualificações dos seus trabalhadores com a finalidade de atingir os seguintes objetivos complementares: i) melhorar a sua empregabilidade; ii) aumentar a produtividade; e iii) melhorar a competitividade da organização (art. 131º, nº 1, alínea a), do CT).

Tendo em consideração os referidos objetivos, o empregador parte da sua estratégia de desenvolvimento e/ou do diagnóstico das suas necessidades para planear a formação na organização.

Não obstante a regra geral ser de que em cada ano civil, o empregador deve assegurar formação a pelo menos 10% dos trabalhadores da empresa, este pode antecipar ou diferir por um período que se pode estender até dois anos a concretização da obrigação da formação anual (art. 131º, nº 6, do CT).

O legislador de 2009 introduziu a possibilidade de ser diferida a formação até dois anos. Trata-se de uma solução que não existia na redação de 2003, onde se previa apenas a antecipação, até ao máximo de três anos, do número de horas anuais de formação. Em 2009, o legislador reduziu num ano o período de antecipação relativamente à anterior redação e permitiu um diferimento por igual período, obtendo uma solução mais flexível.

O período de antecipação poderá, no entanto, ser admitido até cinco anos no caso de frequência de processo de reconhecimento, validação e certificação de competências, ou de formação que confira dupla certificação (art. 131º, nº 7, do CT).

Quando o período de formação é diferido, a formação que se vai realizando é imputada ao cumprimento da obrigação mais antiga (art. 132º, nº 5, do CT).

3. Planos de formação

O Código do Trabalho impõe ao empregador, no âmbito da organização da formação contínua na empresa, a criação de planos de formação.

O plano de formação é o resultado de um processo de análise e de decisão da organização sobre as necessidades de formação dos seus trabalhadores.

Quanto à sua duração, esses planos de formação podem ter caráter anual ou plurianual. O empregador deve "organizar a formação na empresa, estruturando planos de formação anuais ou plurianuais" (art. 131º, nº 1, alínea c), do CT e art. 13º, nº 1, da L. nº 105/2009).

A elaboração de um plano de formação implica a criação de um processo contínuo[43] com objetivos definidos à partida e que resultaram

---

[43] Mad Comunicación, El plan de formación de la empresa, p. 23.

de uma análise das necessidades da organização e respetivos trabalhadores.

Assim, embora o art. 13º, nº 1, da L. nº 105/2009 afirme que o plano de formação é realizado "com base no diagnóstico das necessidades de qualificação dos trabalhadores" é necessário ter-se presente que o processo de elaboração do plano de formação parte sempre das necessidades de qualificação dos trabalhadores no contexto dos objetivos e necessidades da organização. O diagnóstico das necessidades de qualificação dos trabalhadores é realizado no quadro da organização e tendo a organização como referência, jamais com base em critérios exclusivamente individuais do trabalhador.

A promoção pela organização de ações de formação tendentes a incrementar o desenvolvimento de competências dos respetivos trabalhadores, fora das situações em que tenha sido devolvido ao trabalhador a possibilidade de, diretamente e por sua iniciativa, promover a sua própria formação profissional (art. 132º, nº 1, do CT), sem que essas ações de formação tenham uma ligação, ainda que potencial, aos objetivos e projetos da organização não pode ser qualificada como formação mas como remuneração em espécie com todas as consequências que tal qualificação implica em termos laborais, fiscais e de segurança social. É o caso de uma empresa do setor da construção civil e das obras públicas que promova, em benefício de um ou alguns dos trabalhadores do seu quadro, um curso de piloto de avião ou de mergulho assegurando o pagamento de todas as despesas que estas formações implicam, sem que as mesmas possam ser utilizadas no desenvolvimento da atividade da organização.

A conceção e o desenvolvimento de um plano de formação pressupõem a realização de um diagnóstico da necessidade de formação profissional. Esse diagnóstico da necessidade de formação é realizado tendo em conta as carências formativas da organização a curto, médio e/ou longo prazo.

Um plano de formação traduz a estratégia de implementação na organização das decisões de gestão que resultaram da identificação das respetivas necessidades formativas.

O planeamento é a fase que antecede o desenvolvimento da formação. A elaboração do plano de formação é responsabilidade da organização – gestores e gestores de recursos humanos – embora esse trabalho também possa contar com a colaboração dos respetivos formadores quer estejam integrados na organização – formadores internos – quer já se encontrem contratados para o efeito – formadores externos.

A planificação de um programa de formação consiste em definir *a priori* um objetivo a atingir e a forma de o alcançar.

O plano de formação tem que ser exequível. Para o efeito tem de ser definido tendo em consideração os recursos – materiais e humanos – disponíveis.

O plano de formação deve constituir um instrumento de trabalho a partir do qual a organização, formadores e trabalhadores possam desenvolver a formação. O planeamento tem de clarificar os objetivos a atingir, expor os respetivos procedimentos e orientar a execução da formação.

As microempresas encontram-se isentas da obrigação da elaboração de planos de formação. O legislador considerou que a elaboração do plano de formação constituiria uma sobrecarga administrativa e financeira para as microempresas que são estruturas de pequena dimensão, por isso as isenta da elaboração dos planos de formação.

O plano de formação deve especificar, nomeadamente, os objetivos, as concretas ações de formação profissional previstas, as entidades formadoras, o local e horário da respetiva realização (art. 13º, nº 2, da L. nº 105/2009, de 14 de setembro).

Os elementos indicados que o plano de formação não possa, à partida, especificar, devem ser comunicados, assim que for possível, aos trabalhadores interessados, à comissão de trabalhadores ou, na sua falta, à comissão sindical ou intersindical ou aos delegados sindicais. A lei não sujeita a comunicação a qualquer formalismo, pelo que qualquer meio será idóneo para o fazer.

Assim, quanto ao conteúdo do plano de formação, o mesmo pode ser mais amplo ou conter menos informação que a indicada no art. 13º, nº 2, da L. nº 105/2009, de 14 de setembro. No entanto, terá sempre que ter um conteúdo mínimo o qual será consubstanciado em documento escrito.

Embora a lei não declare expressamente a subordinação dos planos de formação à forma escrita, a conclusão de que os planos de formação necessitam ser reduzidos a escrito resulta da interpretação das normas que disciplinam o seu regime.

O Código do Trabalho, no art. 131º, nº 1, alínea c) estabelece que o empregador deve "organizar a formação na empresa, estruturando planos de formação". Por outro lado, a L. nº 105/2009, de 14 de setembro que regulamenta o Código do Trabalho de 2009, estipula no art. 13º, nº 2 que o plano de formação deve especificar objetivos, entidades formadoras, as concretas ações de formação, o local e o horário onde essas ações de formação se realizam.

Acresce que o regime de informação e consulta aos trabalhadores e seus representantes (art. 14º, da L. nº 105/2009, de 14 de setembro) pressupõe que a comunicação e a subsequente emissão de parecer se façam tendo por base documentos escritos.

Por fim, cominando a L. nº 105/2009, de 14 de setembro como contraordenação grave a não elaboração de plano de formação e a violação do dever de informação e consulta dos trabalhadores e seus representantes do projeto de plano de formação parece também pressupor a existência de documento escrito que permita à autoridade com competência inspetiva verificar, de forma expedita e segura, sem dificuldades ou margens de erro, o cumprimento ou o incumprimento dos referidos deveres.

O plano de formação tem que possuir um conteúdo mínimo. Esse conteúdo mínimo pode traduzir-se na indicação singular de qualquer dos elementos indicados na lei, a saber: i) Os objetivos que se pretende alcançar com a formação; ii) As concretas ações de formação profissional previstas; iii) A identificação das entidades formadoras; iv) O local; e v) O horário da respetiva realização.

Também parece configurável um plano de formação válido que não faça referência, *ab initio*, a qualquer dos elementos indicados na lei mas que os comunique, subsequentemente, aos seus trabalhadores. Tomemos como hipótese uma empresa de navegação que indique inicialmente no seu plano de formação que durante o ano *n*, os comandantes dos seus navios irão receber trinta e cinco horas de formação a qual será ministrada com recurso a simuladores.

Os elementos referidos na lei são de comunicação obrigatória aos trabalhadores mas não têm de constar necessariamente do plano de formação inicial. Isto significa que os elementos de comunicação obrigatória podem constar de documentos sucessivos o que constitui uma dificuldade muito significativa para quem pretenda fazer uma análise do plano de formação, nomeadamente a autoridade administrativa que tem a incumbência de inspecionar o cumprimento do dever de comunicação dos elementos que constituem o plano de formação.

O desenvolvimento do plano de formação deverá ser objeto de acompanhamento, os seus resultados verificados e comparados com os objetivos que estiveram na base da sua elaboração.

Essa avaliação é particularmente necessária nos planos de formação plurianuais e pode conduzir a reajustamentos e alterações ao plano.

As alterações ao plano de formação ficam sujeitas ao regime de informação e consulta sobre o plano de formação previsto no art. 14º, da L. nº 105/2009, de 14 de setembro.

Vejamos dois dos elementos que devem constar do plano de formação ou ser comunicados aos trabalhadores em detalhe: i) O local onde a formação é realizada; e ii) O horário da respetiva realização.

4. Local de realização da formação

No que concerne ao direito individual de cada trabalhador a um número mínimo anual de horas de formação, o objeto da obrigação do empregador consiste na promoção da realização de um período de formação profissional anual a alguns dos seus trabalhadores, o que poderá ocorrer dentro ou fora da organização.

A formação profissional pode desenvolver-se no local de trabalho ou fora dele consoante for determinado pelo empregador.

A formação no local de trabalho concretiza-se "mediante ações desenvolvidas na empresa" (art. 131, nº 1, al. b), do CT). Neste caso, a formação realiza-se, regra geral, durante o normal desenvolvimento da atividade da organização utilizando equipamento, material, documentação e demais circunstâncias que os formandos encontrarão no final da formação e que coincidirá com o início do desenvolvimento autónomo da sua atividade. Na formação no local de trabalho, por natureza, verifica-se uma reprodução fiel das circunstâncias que serão encontradas pelo trabalhador após o período formativo.

As novas formas de formação à distância, que serão desenvolvidas no próximo ponto, permitem que a formação seja desenvolvida no local de trabalho mas sem que tal se traduza no desenvolvimento da sua atividade laboral.

A formação fora do local de trabalho tem como consequência que o trabalhador não possa contribuir com a sua atividade para o esforço produtivo da organização durante o período de formação permitindo, por outro lado, uma maior disponibilidade e concentração na atividade formativa.

Não obstante o local de trabalho constituir uma garantia do trabalhador nos termos do disposto no art. 129º, nº 1, alínea f), do Código do Trabalho e do trabalhador dever, em princípio, exercer a atividade no local contratualmente definido (art. 193º, nº 1, do CT), o mesmo encontra-se adstrito à realização de deslocações indispensáveis à sua formação profissional nos termos do disposto no art. 193º, nº 2, do Código do Trabalho. A possibilidade de realização de formação profissional fora do local de trabalho constitui, pela sua natureza excecional e temporária, uma exceção ao princípio da estabilidade do local de trabalho.

A possibilidade de realizar ações de formação fora do local de trabalho resulta, ainda, de forma expressa do art. 131º, nº 3, do Código do Trabalho ao referir que a formação pode ter lugar em "estabelecimento de ensino reconhecido pelo ministério competente".

5. Horário de trabalho e formação profissional

Quanto ao horário em que a formação deve ser ministrada, a lei não refere expressamente se a formação deve ocorrer dentro ou fora do horário de trabalho.

A formação profissional pode ocorrer, indistintamente, dentro ou fora do horário de trabalho não tendo o legislador tomado posição sobre a questão. Foi deixado à liberdade das partes e, principalmente, às circunstâncias concretas que envolvem cada formação a definição do respetivo horário.

Afastamo-nos da posição defendida por Soares Ribeiro, o qual defende resultar "do modo como o regime legal está estruturado que a formação deve ser realizada durante o período normal de trabalho"[44] e funda a sua posição na obrigação do empregador constante no art. 125º, nº 1, alínea d), do CT de 2003 atual art. 131º, nº 1, alínea b), do CT de 2009[45].

O empregador tem a obrigação de pagar trinta e cinco horas de formação profissional, por ano, aos trabalhadores elegíveis para o efeito não podendo o período normal de trabalho (*pnt*) constituir uma limitação à formação.

Na elaboração do horário de trabalho, o empregador deve facilitar ao trabalhador a frequência de formação profissional (art. 212º, nº 2, alínea c), do CT), constituindo contraordenação grave a violação desta norma. Esta regra encontra-se em consonância com o disposto no art. 131º, nº 1, alínea b), do Código do Trabalho.

A lei impõe o dever de facilitar o acesso à formação profissional nas circunstâncias em que existe coincidência entre o *pnt* e a realização da formação, mas não impõe que a mesma se desenvolva dentro ou fora do *pnt*.

Por outro lado, o Código do Trabalho indica que não constitui trabalho suplementar a formação profissional realizada fora do horário de trabalho que não exceda duas horas diárias (art. 226º, nº 3, alínea d), do CT).

Trabalho suplementar constitui a atividade laboral prestada pelo trabalhador fora do seu horário de trabalho (art. 226º, nº 1, do CT). Se a formação profissional for realizada fora do horário de trabalho e exce-

---

[44] J. Soares Ribeiro, Formação Contínua dos Trabalhadores, p. 39.
[45] No âmbito da formação contínua é obrigação do empregador segundo o disposto no art. 131º, nº 1, alínea b), do CT de 2009: "Assegurar a cada trabalhador o direito individual à formação, através de um número mínimo anual de horas de formação, mediante ações desenvolvidas na empresa ou a concessão de tempo para frequência de formação por iniciativa do trabalhador".

der duas horas diárias, na parte que excede as duas horas por dia é aplicável o regime do trabalho suplementar.

A solução legal constitui uma exceção ao regime do trabalho suplementar na medida em que não considera trabalho suplementar a formação que decorra até duas horas diárias fora do horário de trabalho. Desta forma, o legislador limita os custos do empregador que promova formação profissional fora do horário de trabalho ou que exceda o período normal de trabalho nas primeiras duas horas.

Entendemos que a regra que não qualifica como trabalho suplementar as duas horas de formação profissional diária realizada fora do *pnt* inclui o "caso de formação realizada nos dias de descanso semanal e semanal complementar"[46].

Quanto à formação realizada por iniciativa do trabalhador decorrente do incumprimento do empregador do seu dever de proporcionar formação profissional – crédito de horas – o princípio mantém-se. Se o trabalhador realiza a formação fora do *pnt* a partir da segunda hora de formação aplica-se o regime do trabalho suplementar e o trabalhador é remunerado de forma acrescida. Se o trabalhador realiza formação durante o *pnt* ou não realiza formação e na cessação do contrato de trabalho reclama o pagamento do crédito de horas é remunerado de acordo com o valor da retribuição horária sendo esse o sentido do disposto no art. 132º, nº 2, do Código do Trabalho.

As várias modalidades de formação à distância colocam sérios desafios à determinação com rigor dos tempos de formação e dos concretos momentos em que a formação ocorre. Consequentemente, não é fácil saber se determinada formação ocorreu dentro ou fora do *pnt* e ocorrendo fora do *pnt* se excede as duas horas diárias devendo ser remunerada, a partir da segunda hora, como trabalho suplementar.

A maior parte destes sistemas formativos à distância não tem local nem horário predeterminado, não se encontrando na dependência da disponibilidade de um formador.

---

[46] J. Soares Ribeiro, cit., p. 39.

Formação à distância é uma modalidade de transmissão de conteúdos formativos que permite que o formando não se encontre, na maior parte dos casos, num espaço físico de formação nem exige que formador e formando estejam ao mesmo tempo, respetivamente, a ministrar e a receber formação. É uma modalidade de formação em que existe uma separação espacial e/ou temporal entre o formador e o formando.

A ligação entre formador e formando é estabelecida através das tecnologias telemáticas como a Internet mas também podem ser utilizados outros meios, nomeadamente o CD-ROM, o vídeo, o iPod, a Intranet e a televisão.

O *e-learning* e o *blended learning* são modalidades de formação à distância cada vez mais generalizadas.

O *e-learning* confere a possibilidade de formação baseada na transmissão de conteúdos exclusivamente pela Internet. O *e-learning*, é um sistema de formação que não tem limitações de ordem geográfica, permitindo que o formando/trabalhador tenha um horário flexível para a sua formação.

O *blended learning* também chamado de *b-learning*, é uma derivação do *e-learning* que, para além da transmissão dos conteúdos por Internet, inclui também formação presencial.

6. Formação profissional no período experimental

O empregador pode fazer coincidir a formação profissional com o período experimental sendo comum a situação em que o trabalhador após celebrar o contrato de trabalho, e antes de iniciar da sua atividade profissional junto do empregador ou após as primeiras semanas do início do vínculo laboral, realiza formação profissional.

Tratam-se, o mais das vezes, de atividades formativas que visam integrar e adaptar o trabalhador à organização – cultura e métodos de trabalho – e às funções que irá desempenhar.

A articulação entre os dois institutos – formação profissional e período experimental – levantou a dúvida de determinar "se tal formação deveria ou não ser considerada como momento de execução do contrato, computando-se o lapso de tempo dispendido em atividades de formação como tempo de execução do contrato de trabalho ou, pelo contrário, a referência à execução de tal contrato – verdadeira pedra de toque na determinação do decurso da experiência – haveria de ser entendida em sentido restrito, isto é, apenas na medida em que correspondesse a um efetivo desempenho de funções inerentes ao tipo de atividade contratada"[47].

O legislador não respondeu claramente à questão enunciada e cria uma solução, não isenta de críticas, em que a formação profissional pode ter, ou não, influência na contagem do período experimental.

O período experimental conta-se a partir do início da execução da prestação laboral do trabalhador e compreende ação de formação profissional determinada pelo empregador. Contudo, se a ação de formação exceder metade da duração do período experimental, o mesmo será suspenso e recomeçará a contar após o termo da formação profissional[48].

A formação profissional suspende o período experimental apenas quando se prolongue por metade desse mesmo período (art. 113º, nº 1, do CT). Pelo menos metade do período experimental deve ser utilizado com o trabalhador no desempenho efetivo das funções para que foi contratado. Nestes casos, conclui-se que, no âmbito da contagem do período experimental, a existência de ações de formação profissional frequentadas por determinação do empregador constitui exceção à regra do art. 111º, do Código do Trabalho segundo o qual o referido período corresponde ao tempo inicial de execução do contrato de tra-

---

[47] Tatiana Guerra de Almeida, Do período experimental no contrato de trabalho, p. 139.
[48] Neste sentido pronunciou-se o Tribunal da Relação de Lisboa: "Quer isto dizer que para o período de prova só relevam os dias de trabalho efetivo. A única exceção é representada pelos dias de descanso semanal que por serem características necessárias da prestação de trabalho e não vicissitudes anómalas da execução do contrato, devem entrar no cômputo do período de prova, ainda que naqueles dias não seja prestado trabalho; e também o período de formação (que para estes efeitos não pode exceder metade do período experimental), embora as ações de formação, já permitam, de alguma forma, proceder à referida avaliação." (Ac. RL proc. nº 27/2007-4 de 07/03/2007, disponível em *http://www.dgsi.pt*).

balho[49] ainda que a formação decorra no local de trabalho e tenha por objeto as funções a desempenhar pelo trabalhador após o termo da mesma.

7. Quem tem competência para ministrar formação profissional

Segundo o art. 131º, nº 3, do Código do Trabalho, a formação contínua pode ser desenvolvida pelo empregador, por entidade formadora certificada para o efeito ou por estabelecimento de ensino reconhecido pelo ministério competente.

A formação contínua pode ser assegurada diretamente pelo empregador que tenha capacidade para a realizar.

O empregador que pretenda assegurar, por si, a formação dos seus trabalhadores não tem que possuir certificação para que a formação diretamente ministrada seja considerada adequada para efeitos de cumprimento da obrigação legal de formação. Tal conclusão resulta do disposto no art. 131º, nº 3, do Código do Trabalho e do art. 1º, nº 3, do DL nº 396/2007, de 31 de dezembro que não exigem ao empregador certificação, não deixando, no entanto, de a impor a outras entidades.

O empregador pode encarregar uma entidade independente certificada de realizar a formação profissional necessária. Nesta situação, a lei impõe a verificação de certificação da entidade que realize a formação profissional.

A entidade formadora certificada submeteu-se a um processo de validação e reconhecimento da respetiva capacidade para ministrar formação profissional.

O Decreto-Lei nº 396/2007, de 31 de dezembro define entidade formadora certificada como "a entidade com personalidade jurídica, dotada de recursos e capacidade técnica e organizativa para desenvolver processos associados à formação, objeto de avaliação e reconhecimento oficiais de acordo com o referencial de qualidade estabelecido para o efeito." (art. 3º, al. e), do DL nº 396/2007, de 31 de dezembro).

---

[49] Nesse sentido Ac. RE proc. 832/08.1TTSTB.E1 de 24/11/2009, disponível em *http://www.dgsi.pt*.

O legislador de 2009 aditou os estabelecimentos de ensino reconhecidos pelo ministério competente como entidades aptas a ministrar formação[50], aumentando as entidades que podem ministrar formação profissional contínua e, assim, ampliou a natureza da formação qualificada como formação contínua. Ou seja, a formação ministrada por estabelecimentos de ensino tem natureza distinta da formação ministrada pelo empregador ou por entidade certificada, não concorre com estes, complementa-os e, consequentemente amplia a natureza da formação qualificada como contínua.

A inclusão dos estabelecimentos de ensino entre as entidades que podem desenvolver a formação profissional é uma decorrência da harmonização do Código do Trabalho com o regime jurídico do Sistema Nacional de Qualificações, o qual prevê que os estabelecimentos de ensino integram o conjunto de entidades formadoras do Sistema Nacional de Qualificações (art. 1º, nº 2, al. d) e art. 16º, nº 1, do DL nº 396//2007, de 31 de dezembro).

Essa formação, desenvolvida pelo empregador, por entidade formadora certificada para o efeito ou por estabelecimento de ensino reconhecido pelo ministério competente, dá lugar à emissão de certificado e a registo na Caderneta Individual de Competências nos termos do regime jurídico do Sistema Nacional de Qualificações.

De acordo com o art. 8º, do DL nº 396/2007, de 31 de dezembro, a caderneta individual de competências regista todas as competências que o indivíduo adquire ou desenvolve ao longo da vida, referidas no Catálogo Nacional de Qualificações, bem como as restantes ações de formação concluídas, distintas das que deram origem a competências registadas.

O Código do Trabalho de 2003 estatuía que a formação tinha que ser certificada. O Código do Trabalho de 2009 harmonizou a termino-

---

[50] O art. 163º, nº 2, da RCT de 2004 estabelecia apenas que a formação contínua podia ser "realizada diretamente pelo empregador ou através de entidade formadora acreditada.".

logia de acordo com o regime do Sistema Nacional de Qualificações e não impõe que toda a formação, para efeitos do cumprimento do dever de formação a cargo do empregador, seja certificada.

8. Informação e consulta sobre formação profissional

Quanto à informação e consulta sobre formação profissional foram consagradas, nas duas versões do Código do Trabalho, três fases obrigatórias:

a) Uma primeira fase, em que o empregador deve dar conhecimento do diagnóstico das necessidades de qualificação e do projeto de plano de formação aos trabalhadores, na parte que a cada um respeita, bem como à comissão de trabalhadores ou, na sua falta, à comissão intersindical, sindical ou aos delegados sindicais.

Os trabalhadores, na parte que a cada um diga respeito, a comissão de trabalhadores ou, na sua falta, a comissão intersindical, sindical ou os delegados sindicais podem emitir parecer sobre o diagnóstico de necessidades de qualificação e o projeto de plano de formação, no prazo de 15 dias.

Trata-se de uma consulta prévia que tem por objeto o diagnóstico das necessidades de qualificação e o projeto de plano de formação a realizar. O empregador tem de prestar esta informação até 15 dias antes da aprovação/execução do plano de formação para não comprometer o direito de pronúncia dos trabalhadores sobre a matéria.

A lei sanciona com contraordenação grave a violação pelo empregador do dever de informação relativamente ao diagnóstico das necessidades de qualificação e ao projeto de plano de formação.

A lei não instituiu qualquer mecanismo que imponha ao empregador que tome posição perante o parecer sobre o diagnóstico de necessidades de qualificação e o projeto de plano de formação que seja emitido pelos trabalhadores ou seus representantes.

A opção do legislador, que não parece ser a melhor, permite que um empregador possa concluir o plano de formação sem considerar o resultado da consulta realizada aos trabalhadores.

Idêntica opção havia sido adotada na regulamentação do Código do Trabalho de 2003.

Como vimos, pela sua própria natureza, o diagnóstico das necessidades de formação e o plano de formação constituem matérias de gestão cujo planeamento e definição competem exclusivamente à organização. Contudo, não se pode esquecer que a formação tem como destinatários os trabalhadores e a consulta é suscetível de produzir um efeito de envolvimento e motivação dos mesmos na atividade formativa, daí que a consulta não deva ser reduzida a uma formalidade legal sem que sejam previstas consequências para o respetivo incumprimento material.

b) Uma segunda fase, em que o empregador já elaborou os planos de formação anuais ou plurianuais, encontrando-se os mesmos em execução, em que os trabalhadores e os seus representantes mantêm o direito à informação e consulta desses mesmos planos (art. 131º, nº 1, alínea c), do CT).

Trata-se de um direito de consulta dos planos de formação que se encontram aprovados e que terá particular relevância no que respeita aos planos de formação plurianuais que pela aplicação prolongada no tempo, numa sequência de anos, poderá implicar a necessidade da sua consulta periódica.

Há um direito de consulta permanente dos planos de formação, por parte dos trabalhadores e seus representantes, ainda que aqueles não sejam objeto de alteração durante a sua vigência.

A violação do direito à informação e consulta constitui contraordenação grave (art. 131º, nº 10, do CT).

c) Por fim, uma terceira fase em que o empregador presta informações sobre a formação profissional na sua organização à administração do trabalho. As informações a prestar por parte do empregador ao serviço com competência inspetiva do ministério responsável pela área laboral traduzem-se na elaboração de um relatório anual da formação contínua que embora já estivesse previsto desde 2004 com a regulamentação do Código do Trabalho a sua aplicabilidade ficou suspensa aguardando a aprovação do modelo de relatório de formação o que não aconteceu na vigência da versão de 2003 do CT.

Trata-se de uma obrigação declarativa periódica sobre a atividade social da empresa, prevista nos arts. 15º e 32º, nº 1, da L. nº 105/2009, de 14 de setembro, onde se insere a informação sobre formação profissional e que se aplica aos empregadores "que são abrangidos pelo código do trabalho e pela legislação específica dele decorrente."[51].

A Portaria nº 55/2010, de 21 de janeiro, aprovou o modelo de relatório anual de formação contínua (modelo C), integrou-o e concentrou-o, por questões de simplificação administrativa, num relatório único que contém informação mais abrangente sobre a atividade social da empresa.

O relatório único é entregue por meio informático, durante o período de 16 de março a 15 de abril do ano seguinte àquele a que respeita sendo que o primeiro relatório sobre formação contínua, foi entregue em 2011, com referência ao ano de 2010.

O empregador deve dar a conhecer o Relatório Único, previamente ao envio ao serviço com competência inspetiva do ministério responsável pela área laboral, à comissão de trabalhadores ou, na sua falta, à comissão intersindical ou comissão sindical da empresa. As referidas entidades podem suscitar a correção de irregularidades, no prazo de 15 dias. A violação desta regra constitui uma contraordenação leve.

A informação que seja prestada de modo individualizado deve ser previamente dada a conhecer aos trabalhadores em causa, os quais podem suscitar a correção de irregularidades, igualmente no prazo de 15 dias. A omissão desta norma constitui uma contraordenação leve.

Para além de transmitir informação sobre formação profissional aos trabalhadores e promover o respetivo envio para o serviço com competência inspetiva do ministério responsável pela área laboral, o empregador deve transmitir, ainda, essa informação às seguintes entidades:

a) Os sindicatos representativos de trabalhadores da empresa que a solicitem, a comissão de trabalhadores, bem como os representantes dos trabalhadores para a segurança e saúde no trabalho na parte relativa às matérias da sua competência;
b) As associações de empregadores representadas na Comissão Permanente de Concertação Social que a solicitem.

---

[51] Preambulo da Portaria nº 55/2010 de 21 de janeiro.

A omissão do dever de envio da informação a qualquer das referidas entidades constitui uma contraordenação grave.

Os sindicatos e as associações de empregadores podem solicitar previamente a informação sobre a atividade social da empresa, máxime sobre formação profissional, com uma antecedência de 10 dias relativamente ao início do prazo para entrega da mesma.

A informação prestada deve ser expurgada de elementos nominativos que permitam a identificação dos trabalhadores. A violação desta regra constitui uma contraordenação muito grave.

O empregador deve conservar registo da informação enviada durante um período de cinco anos, constituindo o incumprimento deste dever uma contraordenação leve.

O Quadro 1 resume as três fases de informações e consultas sobre formação profissional.

As fases de Informações e consultas	1ª Fase – O empregador dá conhecimento do diagnóstico das necessidades de qualificação e do projeto de plano de formação, e respetivas alterações, aos trabalhadores, na parte que a cada um respeita, bem como à comissão de trabalhadores ou, na sua falta, à comissão intersindical, sindical ou aos delegados sindicais. Os referidos interessados podem emitir parecer sobre o diagnóstico de necessidades de qualificação e o projeto de plano de formação, no prazo de 15 dias (art. 14º, nº 1 e 2, RCT).
	2ª Fase – Estando os planos de formação – anuais ou plurianuais – em execução, os trabalhadores e os seus representantes mantêm o direito à informação e consulta relativamente aos mesmos a todo o tempo (art. 131º, nº 1, alínea c), do CT).
	3ª Fase – O empregador presta anualmente informações sobre a formação profissional na sua organização à administração do trabalho através do relatório único (Portaria nº 55/2010, de 21 de janeiro).

Quadro I – *As Três Fases de Informações e Consultas Sobre Formação Profissional*

9. O exercício do direito à formação pelo trabalhador

As horas correspondentes à formação anual, que o trabalhador tenha direito, que não sejam asseguradas pelo empregador até ao termo do segundo ano subsequente ao seu vencimento, transformam-se em crédito de horas para formação que podem ser utilizadas por iniciativa do trabalhador.

Nesta situação, a lei não estatui qualquer obrigação de pagamento, em concreto, de formação pelo empregador ao trabalhador. O Código do Trabalho prevê a dispensa do trabalhador para frequência de ações de formação durante o período correspondente às horas de formação não utilizadas, conferindo-lhe um crédito de horas remuneradas para formação a que o trabalhador tem direito. O cálculo do montante devido a título de crédito de horas de formação é determinado pela aplicação da fórmula constante no art. 271º, do CT.

O Código do Trabalho na redação de 2003 também previa um crédito de horas a utilizar pelo trabalhador caso o empregador não assegurasse formação profissional ao longo de três anos. No entanto, para além do critério temporal, o Código do Trabalho de 2003 exigia que o não cumprimento das horas de formação fosse imputável ao empregador para fazer operar, na esfera jurídica do trabalhador, o direito ao crédito de horas correspondente.

O Código de 2009 afasta a anterior exigência que impunha a qualificação, como imputável ao empregador, do não cumprimento da obrigação de formação. O não cumprimento da obrigação de formação profissional deixa de ter que ser imputável ao empregador. A opção do legislador de 2009 torna objetivo e simplifica o direito ao crédito de horas para formação por parte do trabalhador.

O crédito de horas para formação é referido ao período normal de trabalho, confere direito a retribuição e, para todos os efeitos, conta como tempo de serviço efetivo.

O trabalhador pode utilizar o seu crédito de horas para a frequência de ações de formação, desde que o comunique ao empregador com a antecedência mínima de 10 dias. No exercício deste direito, o trabalhador deve proceder de acordo com a boa fé cujo princípio geral se encontra expressamente consagrado no art. 126º, do CT.

Existindo, em anos sucessivos, acumulação de créditos de horas, a formação que vier a ser realizada é imputada ao crédito vencido há mais tempo.

A lei considera existir incumprimento, total ou parcial, da obrigação anual de assegurar trinta e cinco horas de formação profissional e, consequentemente, transforma as horas não utilizadas em crédito de horas para serem usadas pelo trabalhador a partir do termo do segundo ano subsequente ao seu vencimento.

É no terceiro ano subsequente ao respetivo vencimento que o trabalhador poderá utilizar, por sua iniciativa, o crédito de horas que tem para formação. Contudo, apenas o poderá fazer durante um ano, pois o referido crédito de horas para formação caduca passados três anos sobre a sua constituição.

O Código de 2003 possuía uma norma que determinava a caducidade do direito à formação profissional não utilizada passado um período de 3 anos sobre o respetivo vencimento. O art. 125º, nº 5, do Código do Trabalho de 2003 dizia que as horas de formação certificada "que não foram organizadas sob a responsabilidade do empregador por motivo que lhe seja imputável são transformadas em créditos acumuláveis ao longo de três anos, no máximo".

Esta norma respeitava aos contratos de trabalho por tempo indeterminado.

O Código de 2003 não tinha qualquer norma de caducidade do crédito de horas para formação especificamente aplicável no âmbito dos contratos de trabalho a termo.

Contudo, não cremos que isso permita a manutenção do direito a um crédito de horas uma vez que entendemos que o art. 125º, nº 5, do CT de 2003 fixava um regime de caducidade aplicável analogicamente à formação profissional dos trabalhadores contratados a termo. É relevante termos em conta que no CT de 2003 os contratos a termo podiam ter uma duração até seis anos (art. 139º, nº 2, do CT de 2003), constituindo a omissão verdadeira lacuna e não uma consequência do regime jurídico do contrato a termo. Divergimos, assim, da posição dos que defendem que esse crédito não caduca passados três anos do seu vencimento no caso dos contratos a termo[52].

Sempre que a formação profissional promovida e planificada pelo empregador seja a concretização do dever de formação constitui uma manifestação do seu poder de direção.

Pelo contrário, sempre que o dever de formação decorra da utilização do crédito de horas de iniciativa do trabalhador constitui um limite ao poder de direção do empregador. Nesta situação, a tutela da formação profissional sobrepõe-se ao poder de direção.

Por instrumento de regulamentação coletiva de trabalho ou acordo individual, pode ser estabelecido um subsídio para pagamento do custo da formação, até ao valor da retribuição do período de crédito de horas utilizado.

O regime da formação contínua pode ser adaptado por instrumento de regulamentação coletiva de trabalho que tenha em conta as características do setor de atividade, a qualificação dos trabalhadores e a dimensão da empresa.

O art. 492º, do CT, que regula o conteúdo das convenções coletivas, estipula que a convenção coletiva deve regular "as ações de formação profissional, tendo presentes as necessidades do trabalhador e do empregador".

Os IRCT podem assumir um importante papel se forem chamados a desenvolver e adaptar o regime legal da formação profissional definido no Código do Trabalho.

O instrumento de regulamentação coletiva de trabalho torna a obrigação de formação profissional mais flexível e ajustável ao caso concreto.

Outro modo de exercício do direito à formação profissional é a licença sem retribuição.

---

[52] J. Soares Ribeiro, Formação Contínua dos Trabalhadores, p. 35 diz: "Esta constatação, de acordo com o expresso no nº 8, do art. 125º, não poderá deixar de significar que ali, nos contratos a termo, tal caducidade não opera.".

O empregador pode conceder ao trabalhador, a pedido deste, licença sem retribuição (art. 317º, nº 1, CT).

No entanto, a lei estatui que o trabalhador tem direito a gozar uma licença sem retribuição para formação profissional.

O facto da atribuição da licença sem retribuição não se encontrar na titularidade do empregador aumentam as oportunidades de formação dos trabalhadores de acordo com as suas aspirações profissionais individuais, pois, cumpridos que sejam os requisitos legais, o empregador não pode recusar a concessão da licença.

O trabalhador tem direito a licença sem retribuição de duração superior a 60 dias para frequência de curso de formação ministrado sob responsabilidade de instituição de ensino ou de formação profissional, ou no âmbito de programa específico aprovado por autoridade competente e executado sob o seu controlo pedagógico, ou para frequência de curso ministrado em estabelecimento de ensino.

A violação deste direito constitui contraordenação grave.

A cominação da violação do nº 2, do art. 317º, do CT como contraordenação grave confirma que "por se tratar de matéria de interesse ou de ordem pública, sobre ela não possa recair um ato abdicativo de renúncia por parte do trabalhador."[53].

O empregador pode recusar a concessão de licença nos seguintes casos:

a) Quando, nos 24 meses anteriores, tenha sido proporcionada ao trabalhador formação profissional adequada ou licença para o mesmo fim;
b) Em caso de trabalhador com antiguidade inferior a três anos;
c) Quando o trabalhador não tenha requerido a licença com a antecedência mínima de 90 dias em relação à data do seu início;

---

[53] João Lobo, Licença sem retribuição: as alterações introduzidas pelo DL 397/91, de 16/10, p. 78.

d) Quando se trate de microempresa ou de pequena empresa e não seja possível a substituição adequada do trabalhador, caso necessário;
e) Em caso de trabalhador incluído em nível de qualificação de direção, chefia, quadro ou pessoal qualificado, quando não seja possível a sua substituição durante o período da licença, sem prejuízo sério para o funcionamento da empresa.

A recusa de concessão de licença funda-se em razões objetivas decorrentes da desadequação da formação proposta, da inviabilidade da licença por não se encontrar transcorrido o prazo mínimo de três anos para o exercício deste direito por parte do trabalhador, pelo incumprimento da antecedência de noventa dias que a lei impõe à comunicação da concessão da licença ou no prejuízo para a empresa decorrente da privação do trabalhador durante o período da licença.

A licença sem retribuição não exige documento escrito e determina a suspensão do contrato de trabalho.

Durante a suspensão, mantêm-se os direitos, deveres e garantias das partes que não pressuponham a efetiva prestação de trabalho, contando-se o tempo de suspensão para efeitos de antiguidade.

Através do direito que o trabalhador tem de obter do empregador a concessão da licença para formação profissional garante-se, ao mesmo, simultaneamente o acesso a formação profissional do seu interesse e a manutenção do seu contrato de trabalho.

10. Conteúdo da formação

O teor da formação contínua é determinado por acordo entre empregador e trabalhador.

Na falta de acordo, o empregador definirá a área em que se desenvolverá a formação e, neste caso, esta deve coincidir ou ser afim com a atividade prestada pelo trabalhador.

A violação desta regra constitui contraordenação grave.

Quando a iniciativa da formação é devolvida ao trabalhador e este pretende utilizar o crédito de horas para frequência de ações de formação, a área da formação é escolhida pelo trabalhador, devendo ter correspondência com a atividade prestada ou respeitar a tecnologias de informação e comunicação, segurança e saúde no trabalho ou língua estrangeira.

No que respeita a formação na área da segurança e saúde no trabalho a mesma contém particularidades que impõem uma análise detalhada.

Trata-se de matéria regulada nos artigos 281º e segs. do Código do Trabalho e na Lei nº 102/2009, de 10 de setembro que regulamenta o regime jurídico da promoção e prevenção da segurança e da saúde no trabalho, de acordo com o previsto no artigo 284º do Código do Trabalho, no que respeita à prevenção.

O trabalhador tem direito a prestar a sua atividade em condições de segurança e saúde as quais devem ser asseguradas pelo empregador em todos os aspetos relacionados com o trabalho aplicando as medidas necessárias tendo em conta princípios gerais de prevenção.

Tendo em vista os princípios gerais em matéria de segurança e saúde no trabalho, o empregador recorre à formação profissional para operar a aplicação das medidas preventivas nesta área (art. 281º, nº 3, do CT e art. 5º, nº 3, al. f), da L. 102/2009, de 10 de setembro).

O empregador deve assegurar formação adequada aos trabalhadores e aos seus representantes em matéria de segurança e saúde no trabalho (art. 282º, nº 3, do CT).

A formação realizada junto dos trabalhadores visa fornecer-lhes a informação e a formação adequadas à prevenção de riscos de acidente ou doença habilitando-os a prevenir os riscos associados à respetiva atividade. Trata-se de um dever do empregador previsto no art. 127º, nº 1, al. i), do CT e no art. 15º, nº 4, da L. 102/2009, de 10 de setembro.

A formação ministrada aos representantes dos trabalhadores nos termos do disposto no art. 282, nº 3, do CT visa a conferir-lhes competências que lhes permitam exercer de modo adequado as respetivas funções, as quais se traduzem na análise das medidas transmitidas no âmbito das informações e consultas a que a organização deve realizar antes de adotar soluções na área da segurança e saúde no trabalho[54].

O empregador, com vista à obtenção de parecer, deve consultar por escrito e, pelo menos, duas vezes por ano, previamente ou em tempo útil, os representantes dos trabalhadores para a segurança e saúde ou, na sua falta, os próprios trabalhadores sobre o programa e a organização da formação no domínio da segurança e saúde no trabalho.

A L. nº 102/2009, de 10 de setembro trata, especificamente, no seu art. 20º da matéria de formação dos trabalhadores, indicando que os trabalhadores devem receber formação adequada no domínio da segurança e saúde no trabalho, tendo em atenção o posto de trabalho e o exercício de atividades de risco elevado.

O empregador deve formar, em número suficiente, tendo em conta a dimensão da empresa e os riscos existentes na mesma, os trabalhadores responsáveis pela aplicação das medidas de primeiros socorros, de combate a incêndios e de evacuação de trabalhadores e, bem assim, facultar-lhes o material adequado para o efeito.

Por outro lado, o mesmo diploma impõe que aos trabalhadores designados para se ocuparem de todas ou algumas das atividades de segurança e de saúde no trabalho deve ser assegurada, pelo empregador, a formação permanente para o exercício das respetivas funções de maneira a que não possa resultar qualquer prejuízo para esses trabalhadores.

Sempre que o empregador e as respetivas associações representativas careçam dos meios e condições necessários à realização da formação poderão solicitar o apoio dos organismos públicos competentes para o efeito.

A violação das descritas obrigações constitui contraordenação grave (art. 20º, nº 6, da Lei nº 102/2009, de 10 de setembro).

---

[54] No mesmo sentido e regulamentando esta regra vide art. 22º, da Lei nº 102/2009, de 10 de setembro.

O empregador deve proporcionar condições para que os representantes dos trabalhadores para a segurança e a saúde no trabalho recebam formação concedendo, licença com retribuição, ou sem retribuição se outra entidade atribuir subsídio específico para esse fim.

Se o empregador não assegura a formação permanente nem as condições para que os representantes dos trabalhadores para a segurança e a saúde no trabalho recebam formação pratica um ilícito contraordenacional grave (art. 22º, nº 4, da L. nº 102/2009, de 10 de setembro).

Verificando-se carência de meios e condições necessárias à realização da formação, o empregador, as respetivas associações representativas ou as estruturas de representação coletiva dos trabalhadores, podem solicitar apoio dos serviços públicos competentes.

11. Cessação do contrato de trabalho

Cessando o contrato de trabalho, o trabalhador tem direito a receber a retribuição correspondente ao número mínimo anual de horas de formação que não lhe tenha sido proporcionado, ou ao crédito de horas para formação de que seja titular à data da cessação do contrato de trabalho.

Ao contrário do que se passava no Código do Trabalho de 2003, o Código do Trabalho de 2009 distingue entre a formação anual não realizada, que se reporta ao ano civil em curso, e o crédito de horas para formação que o trabalhador seja titular na data da cessação do vínculo laboral. A alteração cumpre fins de clarificação não encerrando qualquer mudança de regime.

Este é um mecanismo excecional de conversão de formação e/ou crédito de horas em retribuição correspondente por força da cessação do contrato de trabalho. Trata-se de um crédito que o trabalhador detém sobre o empregador e que respeita à formação ou ao crédito de horas para formação que seja titular na data da cessação do contrato de trabalho e que tem como limite os últimos três anos.

O valor desse crédito é determinado na data da cessação do contrato de trabalho em função do crédito de horas de formação que o trabalhador não utilizou e do respetivo valor da sua remuneração nesse momento[55].

Trata-se de um crédito laboral de natureza pecuniária pelo que se aplica, para todos os efeitos, o regime geral dos créditos laborais.

---

[55] Luís Miguel Monteiro diz que "O valor da retribuição devida no momento da cessação do contrato de trabalho, corresponde ao crédito de horas para formação que não foi proporcionado ao trabalhador, deve ser aferido à data daquela cessação e não no momento em que se constitui o crédito de horas para formação.". O dever de formar e o direito à formação profissional no código do trabalho – Breves reflexões, p. 278.

Secção II
Regimes especiais do dever de formação

Ao lado do dever geral de formação, existem situações que impõem soluções especiais ao nível da formação profissional de determinados trabalhadores.

A lei reconheceu as necessidades impostas por essas situações e previu regimes especiais do dever de formação.

Na análise dos regimes especiais de formação não iremos integrar, por sair fora do âmbito do presente trabalho, as situações previstas nos regimes de contratos de trabalho especiais nem as situações equiparadas, mas apenas aquelas que se encontram consagradas no Código do Trabalho.

Embora sem desenvolver fica a referência a alguns dos regimes de contratos de trabalho especiais que contêm normas particulares sobre formação: Regime Jurídico do Trabalho Portuário (arts. 6º e 6º-A, do DL nº 280/93, de 13 de agosto, alterada pela L. nº 3/2013, de 14 de janeiro); Regime Jurídico do Contrato Individual de Trabalho a Bordo das Embarcações de Pesca (art. 5º, nº 4, art. 7º, c) e art. 16º, da L. nº 15/97, de 31 de maio); Regime dos Contratos de Trabalho dos Profissionais de Espetáculos (arts. 3º, nº 4, 6º, al. b) e 19º, nº 1, da L. nº 4/2008, de 7 de fevereiro, alterada pela L. nº 105/2009, de 14 de setembro e pela L. nº 28/2011, de 16 de junho) e o Regime Jurídico do Contrato de Trabalho do Praticante Desportivo e do Contrato de Formação Desportiva (arts. 31º a 40º, da Lei nº 28/98, de 26 de junho).

Quanto às situações equiparadas cumpre destacar o trabalho no domicílio.

A lei considera trabalho no domicílio "a prestação de atividade, sem subordinação jurídica, no domicílio ou em instalação do trabalhador, bem como a que ocorre para, após comprar a matéria-prima, fornecer o produto acabado por certo preço ao vendedor dela, desde que em qualquer caso o trabalhador esteja na dependência económica do beneficiário da atividade." (art. 1º, nº 1, da L. 101/2009, de 8 de setembro).

O regime jurídico do trabalho no domicílio abrange igualmente "a situação em que vários trabalhadores sem subordinação jurídica nem dependência económica entre si, até ao limite de quatro, executam a atividade para o mesmo beneficiário, no domicílio ou instalação de um deles." (art. 1º, nº 2, da L. 101/2009, de 8 de setembro), o "trabalhador no domicílio que seja coadjuvado na prestação de atividade por membro do seu agregado familiar" e as situações em que "por razões de segurança ou saúde relativas ao trabalhador ou ao agregado familiar, a atividade seja executada fora do domicílio ou instalação daquele, desde que não o seja em instalação do beneficiário da atividade." (art. 1º, nº 3, al. a) e b), da L. 101/2009, de 8 de setembro).

A lei estende o regime geral da formação profissional previsto no Código do Trabalho ao trabalho no domicílio. Esta é a especialidade do regime. Perante um regime que contém várias especificidades, o legislador opta por aplicar o regime do dever de formação profissional ao trabalhador no domicílio, equiparando-o, na dimensão de formação, ao trabalhador subordinado.

O beneficiário da atividade desenvolvida pelo trabalhador no domicílio deve assegurar-lhe a formação adequada à sua prestação, a qual não deve ser inferior à proporcionada a trabalhador que realize idêntico trabalho em estabelecimento em cujo processo produtivo se insere a atividade por aquele prestada (art. 6º, nº 1, da L. 101/2009, de 8 de setembro).

A violação do dever de formação profissional do trabalhador no domicílio constitui contraordenação grave. Esta sanção coincide com a sanção prevista no art. 131º, nº 10, do Código do Trabalho, aplicável à violação do regime geral ao qual se equiparou o regime jurídico do trabalho no domicílio em matéria de formação profissional.

Ao contrário do dever geral de formação que abrange todos os trabalhadores, os regimes especiais de formação dirigem-se a determinados trabalhadores que têm específicas necessidades formativas e visam dar resposta a essas necessidades concretas de formação.

As situações que impõem o recurso aos regimes especiais de formação no Código do Trabalho podem ter causas objetivas ou subjetivas.

A necessidade de formação profissional especial decorre de motivos objetivos sempre que seja imposta pela especificidade da atividade desenvolvida ou vicissitudes da relação laboral.

O Código do Trabalho prevê regimes especiais do dever de formação fundados em causas objetivas visando a plena reinserção profissional do trabalhador que gozou de licença para assistência a filho ou para assistência a pessoa com deficiência ou doença crónica (art. 61º, do CT), a adaptação do trabalhador ao exercício de funções acessórias que exijam especial qualificação (art. 118º, nº 4, do CT), as particulares necessidades do trabalhador que exerce a sua atividade em regime de teletrabalho (art. 169º, nº 2, do CT), a especialidade do trabalho temporário e da cedência ocasional (art. 131º, nº 8 e art. 186º, nº 6, ambos do CT), a viabilização da empresa como meio para assegurar a manutenção dos postos de trabalho ou a valorização do trabalhador tendente a aumentar a sua empregabilidade nas situações de crise empresarial (art. 302º, do CT), a adaptação às modificações introduzidas no posto de trabalho resultantes de alterações nos processos de fabrico ou comercialização, de novas tecnologias ou equipamentos baseados em diferente ou mais complexa tecnologia (art. 375º, do CT).

A necessidade de formação profissional especial decorre de motivos subjetivos quando reflete especiais necessidades dos trabalhadores aos quais se dirige.

O Código do Trabalho prevê regimes especiais do dever de formação fundados em causas subjetivas reconhecendo as necessidades particulares de formação de trabalhadores menores (art. 67º, do CT), com capacidade de trabalho reduzida (art. 84º, nº 1, do CT), com deficiência ou doença crónica (art. 85º, do CT) e que tenham sofrido acidente de trabalho (art. 283º e art. 384º, ambos do CT e art. 158º, nº 3, da L. 98//2009, de 4 de setembro).

Quanto aos trabalhadores estrangeiros ou apátridas os mesmos gozam de igualdade de tratamento relativamente aos trabalhadores que têm nacionalidade portuguesa. Essa igualdade traduz-se em iguais direitos e deveres perante a lei e abrange, nomeadamente, o direito à formação profissional (art. 4º, do CT). Tal não significa que, dentro do direito à formação profissional, estes trabalhadores não tenham necessidades particulares decorrentes da sua condição de estrangeiros ou apátridas mas isso não se traduz num tipo de formação de natureza especial.

Subsecção I
Regimes especiais do dever de formação
por causas objetivas

1. Formação para reinserção profissional
No âmbito da proteção ao exercício da parentalidade, o legislador configurou, no art. 61º, do Código do Trabalho, um regime especial de formação profissional visando a reinserção profissional do trabalhador após um período de ausência decorrente do gozo de licença para assistência a filho ou para assistência a pessoa com deficiência ou doença crónica.

Após o período de ausência do trabalhador decorrente do gozo de licença para assistência a filho ou para assistência a pessoa com deficiência ou doença crónica, o empregador deve assegurar a participação desse trabalhador em ações de formação e atualização profissional, de modo a promover a sua plena reinserção profissional (art. 61º, do CT).

No caso de licença para assistência a filho ou para assistência a pessoa com deficiência ou doença crónica, os limites máximos da licença podem atingir alguns anos, o que constitui um período de ausência significativo que justifica esta modalidade especial de formação que tem por objeto e finalidade a reiteração profissional do trabalhador.

Nesta situação, a formação profissional funciona como uma proteção na parentalidade pois prepara o trabalhador para o regresso ao trabalho contribuindo para conciliar a vida familiar e profissional.

Verificadas estas circunstâncias, a formação profissional deverá ocorrer logo após o termo da licença do trabalhador, quando este regresse à atividade laboral e visa a sua reinserção plena na estrutura empregadora.

O artigo 61º do Código do Trabalho, pelo seu teor e pela ausência de sanção decorrente do seu incumprimento, não configura uma norma injuntiva. O empregador poderá promover ou não formação profissional tendente à reinserção do trabalhador em função do concreto período de licença, da dimensão da empresa e da concreta situação profissional do trabalhador.

As horas que forem utilizadas em formação profissional visando a reinserção profissional do trabalhador não podem ser contabilizadas para efeitos das trinta e cinco horas de formação obrigatória decorrente do dever geral de formação profissional. A lei confere o direito à formação e atualização profissional ao trabalhador, após a licença para assistência a filho ou para assistência a pessoa com deficiência ou doença crónica, cumulativamente com o dever geral à formação profissional a qual tem objeto e finalidade distinta.

2. Funções acessórias

O exercício da atividade laboral pode exigir o desempenho de funções acessórias para as quais o trabalhador não tenha preparação sendo necessário ministrar formação profissional adequada.

O objeto do contrato de trabalho compreende no seu âmbito dois núcleos de funções: as funções principais ou nucleares da atividade laboral a que alude o art. 118º, nº 1, do Código do Trabalho e as funções afins ou funcionalmente ligadas a que aludem os nºs 2 a 4 do mesmo artigo e que podem ser exigidas pelo empregador, embora a título acessório da atividade principal.

O exercício de funções acessórias que exijam especial qualificação implica formação profissional específica tendente a habilitar o trabalhador à respetiva realização.

Sempre que o exercício de funções acessórias exigir especial qualificação, o trabalhador tem direito a formação profissional de duração não inferior a dez horas anuais (art. 118º, nº 4, do CT).

A criação das condições para a realização das 10 horas anuais de formação profissional que tenha por objeto a especial qualificação imposta pelo exercício de funções acessórias é uma obrigação do empregador.

A não promoção da formação profissional nestas circunstâncias e com este objeto constitui contraordenação grave.

A consagração deste dever especial de formação profissional e a consequente opção sancionatória partem da consideração de que o desempenho de funções acessórias que exijam especial qualificação do trabalhador constitui uma circunstância excecional e gravosa para o mesmo na medida em que este deve, regra geral, exercer as funções correspondentes à atividade para a qual foi contratado.

As dez horas de formação profissional anual referidas no art. 118º, nº 4, do Código do Trabalho acrescem às trinta e cinco horas de formação indicadas no art. 131º, nº 2 do mesmo diploma.

Esta conclusão decorre do facto do art. 118º, nº 4 e do art. 131º, nº 2 ambos do Código do Trabalho terem âmbitos de aplicação distintos e não obstante o legislador, noutras situações, ter optado por excluir expressamente a formação profissional com determinada finalidade do regime que confere direito, em cada ano, a um número mínimo de horas de formação contínua[56].

O art. 118º, nº 4 do Código do Trabalho estabelece uma afetação de dez horas de formação específica visando a adaptação às novas funções desempenhadas pelo trabalhador que exigem especial qualificação que o mesmo não possua e não tem por objeto qualquer das finalidades promovidas pelo dever geral de formação profissional.

Por seu turno, o art. 131º, nº 2 do Código do Trabalho estabelece um mínimo legal correspondente a trinta e cinco horas de formação

---

[56] O art. 44º, nº 2, da L. 98/2009, de 4 de setembro que trata da matéria relativa à reabilitação profissional do trabalhador vítima de acidente de trabalho refere, de forma expressa, que a reabilitação profissional "deve ser assegurada pelo empregador sem prejuízo do número mínimo de horas anuais de formação certificada a que o trabalhador tem direito.".

geral as quais se inserem no regime geral da formação profissional aplicando-se as regras constantes do art. 130º e segs. do Código do Trabalho.

3. O teletrabalho

As necessidades concretas de alguns empregadores e de alguns trabalhadores, aliado a opções de organização do trabalho que, em muitos casos, integram inovações tecnológicas no processo produtivo, levaram a novos modos de prestação do trabalho.

Um desses modos de prestação de trabalho, que se encontra regulado na lei e que contêm especialidades quanto à formação profissional decorrente da forma particular como o trabalho é prestado, é o teletrabalho.

O trabalhador que exercer a atividade em regime de teletrabalho[57] tem os mesmos direitos e deveres dos demais trabalhadores, nomeadamente no que se refere a formação profissional (art. 169º, nº 1, do CT). O legislador declara expressamente que no teletrabalho, pelas especiais circunstâncias em que a prestação laboral é efetuada, o trabalhador se encontra sujeito ao regime geral da formação profissional.

O teletrabalho constituindo uma forma de organização do trabalho decorrente de necessidades de flexibilização laboral caracteriza-se pela prestação do trabalho se realizar maioritariamente fora da organização com recurso a tecnologias de informação e comunicação.

Segundo Glória Rebelo "se para as empresas corresponde à vontade de flexibilizar o local de trabalho, deslocalizando o local de produção das instalações centrais da estrutura empresarial, por outro lado, para os trabalhadores pode significar o acesso ao mercado de trabalho, através de uma «nova» gestão do local de trabalho."[58].

---

[57] Teletrabalho é a prestação laboral realizada com subordinação jurídica, habitualmente fora da empresa e através do recurso a tecnologias de informação e de comunicação (art. 165º, do CT).

[58] Glória Rebelo, O novo regime jurídico do teletrabalho, p. 13.

Os teletrabalhadores podem confrontar-se com dificuldades de formação que se podem acentuar à medida que aumenta a distância entre o centro de atividade do empregador e o local onde é prestado o trabalho daí a necessidade de garantir a efetivação deste direito.

Para além da afirmação expressa quanto à aplicabilidade do regime geral da formação profissional a estes trabalhadores, o Código do Trabalho prevê um regime particular de formação profissional para os mesmos. O legislador adapta a formação profissional à especialidade do teletrabalho e indica a área particular que poderá ser objeto de formação profissional. O empregador deve proporcionar ao trabalhador, em caso de necessidade, formação adequada sobre a utilização de tecnologias de informação e de comunicação inerentes ao exercício da respetiva atividade (art. 169º, nº 2, do CT).

O art. 169º, nº 2, do Código do Trabalho funciona como uma norma especial relativamente ao art. 133º, nº 2, do Código do Trabalho pois indica que a formação sobre a utilização de tecnologias de informação e comunicação no caso do teletrabalho são inerentes ao exercício da atividade de teletrabalho.

O regime especial previsto no art. 169º, nº 2, do Código do Trabalho justifica-se pelo contexto em que se realiza a execução da prestação de trabalho e assegura condições de igualdade entre os trabalhadores que se encontrem em regime de teletrabalho com aqueles que não estão.

Esta especialidade de regime de formação profissional é uma decorrência do princípio da igualdade e limita-se ao objeto da formação, aplicando-se, no mais, o regime geral previsto nos artigos 130º e segs. do Código do Trabalho.

4. Trabalho temporário

O caráter temporário do trabalho desenvolvido por este tipo de trabalhadores não incentiva as empresas de trabalho temporário nem as empresas empresas utilizadoras a oferecer formação profissional a estes profissionais que desenvolvem a sua atividade em períodos limitados de tempo. Por este motivo, o trabalhador temporário está sujeito a um regime de formação profissional com algumas especificidades que decorrem da natureza dessa modalidade de prestação de trabalho.

No Código do Trabalho de 2003, a responsabilidade pelo cumprimento da obrigação de ministrar formação profissional ao trabalhador temporário impendia sobre a empresa de trabalho temporário. Contudo, relativamente aos trabalhadores temporários que desempenhassem a sua atividade junto da mesma empresa utilizadora por um período ininterrupto superior a 18 meses esse dever de formação transmitia-se igualmente à empresa utilizadora a qual se tornava corresponsável na mesma medida que a empresa de trabalho temporário (art. 125º, nº 7, do CT de 2003). Nestas circunstâncias, o utilizador respondia solidariamente com a empresa de trabalho temporário pelo dever de formação.

Com o Código do Trabalho de 2009, a promoção da formação profissional do trabalhador temporário passou a constituir uma obrigação exclusiva da empresa de trabalho temporário.

Não obstante, a formação contínua pode ser ministrada pelo utilizador e, nessa medida, exonerar o empregador dessa obrigação. Nestas situações, pode haver lugar a compensação pela prestação de formação por parte da empresa de trabalho temporário ao utilizador em termos a acordar entre as partes (art. 131º, nº 8, do CT).

O utilizador, não sendo empregador, tem uma obrigação de formação limitada, devendo tão só assegurar ao trabalhador temporário formação suficiente e adequada ao posto de trabalho, tendo em conta a respetiva qualificação profissional e experiência (art. 186º, nº 6, do CT).

O facto do empregador e do utilizador poderem cumprir, nos termos indicados, o dever de formação constitui uma das particularidades deste regime.

A empresa de trabalho temporário, enquanto empregadora, encontra-se sujeita ao regime geral da formação profissional com as especialidades que passamos a analisar.

A empresa de trabalho temporário deve afetar à formação profissional dos trabalhadores temporários, pelo menos, 1% do seu volume anual de negócios nesta atividade.

As empresas de trabalho temporário têm como objeto principal a atividade de cedência temporária de trabalhadores para ocupação por utilizadores. No entanto, também desenvolvem a sua atividade nas áreas de seleção, orientação e formação profissional, consultadoria e gestão de recursos humanos. O legislador impõe o investimento em formação profissional do montante correspondente a 1% do volume anual de negócios resultante da atividade de cedência temporária de trabalhadores para ocupação por utilizadores e não do volume anual de negócios global da empresa de trabalho temporário.

O legislador estabeleceu um critério que permite determinar o montante mínimo anual que as empresas de trabalho temporário devem afetar à formação profissional. Este regime, ao afetar uma percentagem de parte do volume de negócios da empresa de trabalho temporário à formação dos trabalhadores temporários, é mais exigente que o regime geral porque se considera que o trabalhador temporário possui maiores necessidades formativas.

A empresa de trabalho temporário deve assegurar a formação profissional de trabalhador temporário contratado a termo sempre que a duração do contrato, incluindo renovações, ou a soma de contratos de trabalho temporário sucessivos num ano civil seja superior a três meses.

A formação profissional de trabalhador temporário contratado a termo deve ter a duração mínima de oito horas sempre o contrato atinja os três meses de duração. Contudo, o montante da formação aumenta proporcionalmente podendo atingir as trinta e cinco horas nas situações em que o trabalhador temporário desenvolve a sua atividade durante um ano civil completo, nos termos do disposto no nº 2, do art. 131º, do Código do Trabalho aplicável ex vi do art. 187º, nº 2, do Código do Trabalho.

A empresa de trabalho temporário não pode exigir ao trabalhador temporário qualquer quantia, seja a que título for, nomeadamente por serviços de orientação ou formação profissional, sob pena de poder ser aplicada a sanção acessória de suspensão temporária do exercício da atividade de trabalho temporário até dois anos.

A violação destas regras específicas de formação profissional que impendem sobre a empresa de trabalho temporário constitui contraordenação grave (art. 187º, nº 5, do CT).

A empresa de trabalho temporário deve incluir a informação relativa a trabalhador temporário nos relatórios anuais da formação profissional (art. 189º, nº 4, do CT) nos termos analisados na secção anterior.

5. Cedência ocasional

A cedência ocasional definida pelo art. 288º do Código do Trabalho como a disponibilização temporária de trabalhador, pelo empregador, para prestar trabalho a outra entidade, a cujo poder de direção aquele fica sujeito, mantendo-se o vínculo contratual inicial coloca uma particularidade de regime no que respeita à promoção da formação profissional pelo empregador.

Tal como ocorre com o trabalho temporário, a obrigação de ministrar formação contínua ao trabalhador encontra-se na esfera jurídica do empregador, contudo pode ser promovida por quem não é seu empregador, o cessionário que é, por definição, uma sociedade coligada, em relação societária de participações recíprocas, de domínio ou de grupo, ou outro empregador que com o cedente mantém uma estrutura organizativa comum.

A formação contínua que seja assegurada pelo cessionário, exonera o empregador da sua realização, podendo haver lugar a compensação por parte do empregador ao cessionário em termos a acordar entre as partes (art. 131º, nº 8, do CT).

6. Crise empresarial

A lei prevê um regime especial de formação profissional aplicável para situações de crise empresarial ou *layoff*.

Nas situações de crise empresarial o empregador pode reduzir temporariamente os períodos normais de trabalho ou suspender os contratos de trabalho, por motivos de mercado, estruturais ou tecnológicos, catástrofes ou outras ocorrências que tenham afetado gravemente a atividade normal da empresa desde que tal se afigure indispensável para assegurar a viabilidade da empresa e a manutenção dos postos de trabalho.

Esta medida de exceção gera, caso o empregador considere necessário, uma fase de formação durante o período de redução ou suspensão. Não recai sobre o empregador a obrigação de promover a formação profissional dos trabalhadores abrangidos pela redução temporária dos períodos normais de trabalho ou pela suspensão dos contratos de trabalho todavia o empregador poderá ter interesse em promover formação profissional a esses trabalhadores durante este período.

As ações de formação profissional a frequentar pelos trabalhadores durante o período de redução ou suspensão devem orientar-se para a viabilização da empresa e a manutenção dos postos de trabalho, ou o desenvolvimento da qualificação profissional dos trabalhadores que aumente a sua empregabilidade (art. 302º, nº 1, do CT).

Caso o empregador considere necessário promover formação profissional aos trabalhadores abrangidos pela redução temporária dos períodos normais de trabalho ou pela suspensão dos contratos de trabalho, comunica, por escrito, à comissão de trabalhadores ou, na sua falta, à comissão intersindical ou comissões sindicais da empresa representativas dos trabalhadores a abranger ou, na falta de qualquer das referidas entidades, a cada um dos trabalhadores a abranger, a intenção de reduzir ou suspender a prestação do trabalho, informando simultaneamente sobre as áreas de formação a frequentar pelos trabalhadores durante o período de redução ou suspensão (art. 299º, nº 1, alínea f), do CT).

Quando, por falta de comissão de trabalhadores, de comissão intersindical ou comissões sindicais da empresa, o empregador comunica, por escrito, a cada um dos trabalhadores a abranger, a intenção de reduzir ou suspender a prestação do trabalho, estes podem, nos cinco dias posteriores à receção da comunicação, designar de entre eles uma comissão representativa com o máximo de três ou cinco elementos, consoante a medida abranja até 20 ou mais trabalhadores.

Nestas situações, o empregador não só informa as áreas de formação a frequentar pelos trabalhadores durante o período de redução ou suspensão como deve remeter a comunicação à comissão representativa que venha a ser designada. A violação deste dever de informação constitui contraordenação grave (art. 299º, nº 5, do CT)

O empregador elabora um plano da formação especial para esta situação excecional de crise empresarial. Este plano de formação encontra-se vinculado aos objetivos de viabilização da empresa e a manutenção dos postos de trabalho, ou de desenvolvimento da qualificação profissional dos trabalhadores envolvidos que aumente a respetiva empregabilidade. Trata-se de um plano de formação que é precedido de consulta aos trabalhadores abrangidos e de parecer da respetiva estrutura representativa (art. 302º, CT).

A resposta dos trabalhadores e o parecer da sua estrutura representativa devem ser emitidos no prazo indicado pelo empregador, o qual não poderá ser inferior a cinco dias seguidos.

A falta de consulta aos trabalhadores sobre o plano de formação ou o incumprimento do prazo de resposta indicado pelo empregador constitui contraordenação leve.

Durante o período de redução ou suspensão e caso o empregador considere necessário promover formação profissional, o trabalhador fica adstrito ao cumprimento de deveres na área da formação profissional que se traduzem na frequência de ações de formação profissional previstas no plano de formação especial desenvolvido pelo empregador (art. 304º, nº 1, al. c), do CT).

Por seu turno, o empregador está adstrito ao pagamento da compensação retributiva, bem como o acréscimo a que haja lugar por força da formação profissional (art. 303º, nº 1, al. a), do CT).

A falta de pagamento da compensação retributiva ou do acréscimo decorrente de formação profissional constitui contraordenação grave e tem como efeito a cessação da aplicação do regime de redução ou suspensão relativamente a todos ou a alguns trabalhadores caso a situação seja conhecida, por iniciativa própria ou a requerimento de qualquer interessado, pelo serviço com competência inspetiva do ministério responsável pela área laboral.

Sempre que, durante o período de redução ou suspensão, os trabalhadores frequentem cursos de formação profissional adequados ao desenvolvimento da qualificação profissional que aumente a sua empregabilidade ou à viabilização da empresa e manutenção dos postos de trabalho, em conformidade com um plano de formação aprovado pelo serviço público competente na área do emprego e formação profissional, este paga o valor correspondente a 30% do Indexante dos Apoios Sociais (IAS) destinado, em partes iguais, ao empregador e ao trabalhador, acrescendo, relativamente a este, à compensação retributiva.

Os serviços públicos competentes nas áreas da segurança social e do emprego e formação profissional devem entregar a parte que lhes compete ao empregador, de modo que este possa pagar pontualmente ao trabalhador a compensação retributiva e o acréscimo decorrente da formação profissional a que haja lugar.

Todo o trabalhador que de forma injustificada não cumpra o respetivo dever de frequência de ações de formação profissional previstas no plano de formação perde o direito a compensação retributiva e caso exerça atividade remunerada fora da organização tem que restituir o que recebeu a título de compensação retributiva constituindo, ainda, a omissão uma infração disciplinar grave (art. 304º, nº 2, do CT).

A referida infração disciplinar grave poderá fundamentar a aplicação de qualquer das sanções disciplinares previstas no art. 328º do Código do Trabalho, nomeadamente, o despedimento sem indemnização ou compensação verificados os pressupostos constantes do nº 1, do art. 351º do Código do Trabalho apreciados nos termos do disposto no nº 3 do mesmo preceito.

7. Despedimento por inadaptação

A formação profissional assume predominância no procedimento de cessação de contrato de trabalho promovida pelo empregador e fundamentada em inadaptação superveniente do trabalhador ao posto de trabalho.

Excluindo as situações previstas no art. 374º, nº 2, do CT que não apresentam relevância no âmbito da formação profissional, a inadaptação verifica-se sempre que for determinada pelo modo de exercício de funções do trabalhador e provoque a redução continuada de produtividade ou de qualidade do trabalho realizado, em avarias reiteradas nos meios afetos ao posto de trabalho ou em riscos para a segurança e saúde do trabalhador, de outros trabalhadores ou de terceiros. A inadaptação tem que tornar praticamente impossível a subsistência da relação de trabalho.

O Código do Trabalho, na redação da L. nº 23/2012, de 25 de junho, estabeleceu a possibilidade do despedimento por inadaptação poder ter lugar quer se introduzam modificações no posto de trabalho quer essas modificações não se verifiquem.

Em ambas as situações o legislador impõe ao empregador que ministre formação profissional em momento prévio à conclusão da verificação de inadaptação superveniente do trabalhador ao posto de trabalho.

A formação profissional tem a função de adaptar o trabalhador às alterações introduzidas no seu posto de trabalho ou de readaptá-lo ao posto de trabalho ainda que não tenham sido introduzidas modificações no posto de trabalho. O ministrar formação profissional constitui um requisito essencial no processo tendente ao despedimento com fundamento em inadaptação superveniente do trabalhador ao posto de trabalho. Trata-se de uma fase necessária cuja omissão constitui ilicitude do despedimento por inadaptação (art. 385º, al. a), CT).

Nas situações em que sejam introduzidas modificações no posto de trabalho que resultem de alterações nos processos de fabrico ou de comercialização, de novas tecnologias ou equipamentos baseados em diferente ou mais complexa tecnologia, o empregador tem que promover formação profissional tendente à adaptação do trabalhador às alterações introduzidas.

Trata-se de uma formação profissional especificamente dirigida a permitir ao trabalhador a adaptação às modificações introduzidas no posto de trabalho resultantes de alterações nos processos de fabrico ou de comercialização, de novas tecnologias ou equipamentos baseados em diferente ou mais complexa tecnologia.

O empregador tem de ministrar formação profissional adequada às modificações do posto de trabalho, por autoridade competente ou entidade formadora certificada (art. 375º, nº 1, alínea b), do CT). Neste aspeto, o legislador é mais exigente pois, ao contrário do que se estabelece no regime geral do dever de formação (art. 131º, nº 3, do CT), afasta a possibilidade da formação poder ser ministrada pelo empregador.

Nas situações em que não sejam introduzidas modificações no posto de trabalho o despedimento por inadaptação pode ocorrer desde que se verifique a modificação substancial da prestação realizada pelo trabalhador, da qual resulte, nomeadamente, a redução continuada de produtividade ou de qualidade, avarias repetidas nos meios afetos ao posto de trabalho ou riscos para a segurança e saúde do trabalhador, de outros trabalhadores ou de terceiros, determinados pelo modo do exercício das funções e que, em face das circunstâncias, seja razoável prever que tenham caráter definitivo.

Nestas situações, a formação profissional tem que ser ministrada por autoridade competente ou entidade formadora certificada e deve ter por objetivo corrigir a modificação substancial ocorrida na prestação de trabalho desenvolvida pelo trabalhador. Uma vez que a situação de inadaptação sem que se tenham verificado modificações ao posto de trabalho pode resultar em variadas consequências que o legislador enumerou exemplificativamente no art. 375, nº 2, al. a), do Código do Trabalho, a formação profissional a ministrar tem a plasticidade para se adaptar à correção de cada situação concreta de inadaptação sendo esse o sentido da remissão feita pelo art. 375º, nº 2, al. d), do Código do Trabalho.

Estamos perante uma formação profissional específica adaptada às modificações introduzidas no posto de trabalho ou visando a readaptação do trabalhador ao posto de trabalho ainda que não tenham sido introduzidas modificações no mesmo e não perante a formação profissional de caráter geral. Por esse motivo, ainda que possa existir coincidência de objeto entre esta formação específica e a formação que resulta do dever geral de formação profissional, a esta formação não se poderá impor o limite mínimo correspondente às trinta e cinco horas de formação anual embora esta formação possa ser contabilizada para efeitos de cumprimento da obrigação de formação a cargo do empregador (art. 375º, nº 5, do CT). A formação deverá ter a duração indispensável a permitir a adaptação do trabalhador às alterações introduzidas no seu posto de trabalho ou para readaptá-lo ao posto de trabalho ainda que não tenham sido introduzidas modificações no mesmo.

O número de horas dispendido na formação profissional tendente à adaptação do trabalhador às alterações introduzidas no seu posto de trabalho ou à sua readaptação ao posto de trabalho ainda que não tenham sido introduzidas modificações no posto de trabalho poderá ser contabilizado para efeitos do cumprimento das trinta e cinco horas impostas pelo dever geral de formação profissional mas não poderá ser, à partida, limitado a esse período.

Após o período de formação deverá ser facultado ao trabalhador um período de adaptação de, pelo menos, 30 dias, no posto de trabalho ou fora dele sempre que o exercício de funções naquele posto seja suscetível de causar prejuízos ou riscos para a segurança e saúde do trabalhador, de outros trabalhadores ou de terceiros.

A violação das obrigações relativas a este dever de formação específico e ao período de adaptação constitui contraordenação grave (art. 375º, nº 8, do CT).

Nas situações de despedimento por inadaptação a realização da formação profissional supra descrita é um requisito para se poder promover o despedimento com fundamento em inadaptação ao posto de trabalho.

Sobre o empregador impende a obrigação de realizar as comunicações previstas no art. 376º do Código do Trabalho em caso de despedimento por inadaptação.

O empregador comunica por escrito a intenção de proceder ao despedimento por inadaptação, indicando os motivos justificativos que fundaram a sua decisão. O empregador identifica as modificações introduzidas no posto de trabalho ou, caso estas não tenham existido, os elementos referidos no art. 375º, nº 2, al. b) e c), do Código do Trabalho.

Entre as comunicações que tem de realizar encontram-se a relativa à formação e ao período de adaptação subsequente.

O empregador comunica, por escrito, ao trabalhador e, caso este seja representante sindical, à associação sindical respetiva os resultados da formação profissional e do período de adaptação (art. 376º, nº 1, al. c), do CT).

Nas situações em que o trabalhador não seja representante sindical, decorridos três dias úteis após a receção da comunicação pelo trabalhador referida no art. 376º do Código do Trabalho, o empregador realiza a mesma comunicação à associação sindical que o trabalhador tenha indicado para o efeito ou, se este não o fizer, à comissão de trabalhadores ou, na sua falta, à comissão intersindical ou comissão sindical.

Subsecção II
Regimes especiais do dever de formação por causas subjetivas

1. Trabalhador menor

O empregador que celebre contrato de trabalho com menor tem especiais obrigações impostas pelo dever de formação[59].

Essas especiais obrigações traduzem-se no dever do empregador proporcionar ao menor condições de trabalho adequadas à idade e ao desenvolvimento do mesmo e que protejam o seu desenvolvimento educativo e de formação profissional, prevenindo em especial qualquer risco resultante da sua falta de experiência ou da inconsciência dos riscos existentes ou potenciais (art. 66º, nº 1, do CT).

A emancipação não prejudica a aplicação das normas relativas à proteção da educação e formação do trabalhador menor.

O art. 67º, nº 2, do Código do Trabalho, impõe ao empregador a obrigação de assegurar a formação profissional de menor ao seu serviço, solicitando a colaboração dos organismos competentes sempre que não disponha de meios para o efeito. O empregador tem a obrigação de

---

[59] O art. 25º, nº 3, do CT permite que o empregador dispense diferente tratamento, baseado na idade, aos seus trabalhadores desde que esse diferente tratamento seja necessário e apropriado à realização de um objetivo legítimo como seja a formação profissional.

promover a formação diretamente ou indiretamente, através do Estado, caso não tenha condições financeiras para o fazer por si mesmo. Contudo, o Código do Trabalho não comina com qualquer sanção o incumprimento desta obrigação formativa do empregador.

O menor tem o direito a licença sem retribuição para a frequência de curso profissional que confira habilitação escolar ou curso de educação e formação para jovens, salvo quando a mesma for suscetível de causar prejuízo grave à empresa, e sem prejuízo dos direitos decorrentes da aplicação do regime do trabalhador-estudante. Trata-se de uma exceção ao regime da licença sem retribuição previsto no art. 317º, do CT a favor do trabalhador menor na medida em que o empregador apenas pode recusar a concessão da licença sem retribuição ao trabalhador menor se isso causar prejuízo grave à organização.

O empregador pode contratar como trabalhador, o menor que tenha completado a idade mínima de admissão, tenha concluído a escolaridade obrigatória ou esteja matriculado e a frequentar o nível secundário de educação e disponha de capacidades físicas e psíquicas adequadas ao posto de trabalho.

O empregador poderá, ainda, contratar para os seus quadros um trabalhador menor com idade inferior a 16 anos que tenha concluído a escolaridade obrigatória ou esteja matriculado e a frequentar o nível secundário de educação desde que as funções desempenhadas se traduzam em trabalhos leves que consistam em tarefas simples e definidas que, pela sua natureza, pelos esforços físicos ou mentais exigidos ou pelas condições específicas em que são realizadas, não sejam suscetíveis de o prejudicar no que respeita à integridade física, segurança e saúde, assiduidade escolar, participação em programas de orientação ou de formação, capacidade para beneficiar da instrução ministrada, ou ainda ao seu desenvolvimento físico, psíquico, moral, intelectual e cultural.

O empregador vê, assim, a sua liberdade de contratação limitada na admissão de menor sem escolaridade obrigatória ou sem qualificação profissional.

O menor com idade inferior a 16 anos que tenha concluído a escolaridade obrigatória ou esteja matriculado e a frequentar o nível secundário de educação mas não possua qualificação profissional, ou o menor com pelo menos 16 anos de idade mas que não tenha concluído a escolaridade obrigatória, não esteja matriculado e a frequentar o nível secundário de educação ou não possua qualificação profissional só pode ser admitido a prestar trabalho desde que frequente modalidade de educação ou formação que confira, consoante o caso, a escolaridade obrigatória, qualificação profissional, ou ambas. Nesta circunstância, o trabalhador menor beneficia do estatuto de trabalhador-estudante, que constitui um estatuto de maior proteção visando conferir as condições para a conciliação entre a carreira profissional e a educação/formação, e tem direito a passar ao regime de trabalho a tempo parcial.

A passagem do menor ao regime de trabalho a tempo parcial terá como efeito necessário um ajustamento da duração semanal do seu trabalho. A lei indica, na falta de acordo entre as partes, que a duração semanal do trabalho desenvolvido pelo trabalhador menor será encontrada segundo a seguinte fórmula: O número de horas de trabalho somado à duração do período escolar ou de formação profissional deve perfazer quarenta horas semanais.

2. Trabalhador com capacidade de trabalho reduzida

O empregador deve promover ou auxiliar ações de formação e aperfeiçoamento profissional apropriadas para os seus trabalhadores com capacidade de trabalho reduzida (art. 84º, nº 1, do CT).

Estes trabalhadores requerem especiais ações de formação profissional e o Estado deve estimular e apoiar, pelos meios convenientes, a ação das empresas na realização deste objetivo formativo.

O Código do Trabalho considera contraordenação muito grave a não realização destas especiais obrigações de formação profissional.

O Código do Trabalho admite uma redução até 50% da Retribuição Mínima Mensal Garantida (RMMG) relativamente a trabalhador com capacidade de trabalho reduzida. A redução da RMMG corresponde à diferença entre a capacidade plena para o trabalho e o coeficiente de capacidade efetiva para a atividade contratada se a diferença for superior a 10% (art. 275º, nº 1, al. b), do CT).

A certificação do coeficiente de capacidade efetiva é realizada pelo serviço público de emprego ou pelos serviços de saúde a solicitação do trabalhador, do candidato a emprego ou do empregador (art. 275º, nº 4, do CT).

A redução da RMMG prevista no art. 275º, nº 1, al. b), do CT pode ser mitigada ou afastada por força da formação profissional. Na medida em que o empregador deve reconhecer e valorizar a qualificação adquirida pelo trabalhador decorrente da formação profissional uma das formas de o fazer é através do incremento remuneratório nomadamente da retribuição base.

3. Trabalhador com deficiência ou doença crónica

O Código do Trabalho, ao distinguir entre trabalhador com capacidade de trabalho reduzida e trabalhador com deficiência ou doença crónica, indica que o trabalhador com deficiência ou doença crónica não é necessariamente um trabalhador que tenha uma capacidade de trabalho reduzida.

Quanto aos cidadãos portadores de deficiência, a Constituição estabelece que os mesmos não podem ser restringidos nos seus direitos e estão sujeitos aos deveres constitucionalmente definidos "com ressalva do exercício ou do cumprimento daqueles para os quais se encontrem incapacitados." (art. 71º, nº 1, CRP).

O Código do Trabalho parte deste princípio e alarga-o ao trabalhador com doença crónica indicando que o trabalhador com deficiência ou doença crónica é titular dos mesmos direitos e está adstrito aos mesmos deveres dos demais trabalhadores, nomeadamente no que respeita ao acesso à formação profissional, sem prejuízo das especificidades inerentes à sua situação (art. 85º, nº 1, do CT).

Este primeiro princípio reitera o direito à igualdade no trabalho consagrado no art. 24º, nº 1, do Código do Trabalho que estatui que "o trabalhador ou candidato a emprego tem direito a igualdade de oportunidades e de tratamento" nomeadamente no que respeita à formação profissional.

O art. 24º, nº 2, al. b), do Código do Trabalho ao concretizar exemplificativamente a proclamação realizada no nº 1, esclarece que a igualdade no acesso à formação profissional é irrestrita abrangendo todos os tipos e níveis formativos.

Quando a situação de deficiência ou doença crónica não constitua uma limitação face à concreta formação profissional projetada, os trabalhadores portadores de deficiência ou doença crónica são elegíveis para beneficiarem da ação formativa nas mesmas condições dos demais trabalhadores sendo proibida qualquer discriminação (art. 25º, nº 1, do CT).

Contudo, a integração das pessoas com deficiência exige a adoção por parte do Estado de medidas que assegurem a efetiva igualdade de oportunidades entre os cidadãos que são portadores de deficiência e aqueles que não o são. Essa perspetiva programática consta do art. 71º, nº 2, da Constituição, do art. 26º da Carta dos Direitos Fundamentais da União Europeia[60], do art. 27º da Convenção sobre os Direitos das Pessoas com Deficiência[61] e da convenção nº 159 da OIT[62].

A convenção nº 159 da OIT, respeitante à readaptação profissional e ao emprego de deficientes, dispõe que as partes signatárias devem "considerar que o objetivo da readaptação profissional é o de permitir aos deficientes obterem e conservarem um emprego conveniente, de progredir profissionalmente e, portanto, de facilitar a sua inserção ou reinserção na sociedade" devendo, para alcançar esse objetivo, implementar e rever periodicamente as políticas nacionais que versem sobre reabilitação profissional e emprego de deficientes[63].

---

[60] Publicado em 14/12/2007 no Jornal Oficial da União Europeia, C 303/1.
[61] Convenção sobre os Direitos das Pessoas com Deficiência, adotada em Nova Iorque em 30 de março de 2007, aprovada pela Resolução da Assembleia da República nº 56/2009 em 7 de maio de 2009 e ratificada pelo Decreto do Presidente da República nº 67/2009 de 30 de junho.
[62] Convenção adotada pela Conferência Internacional do Trabalho em 20 de junho de 1983 aprovada, para ratificação, pela Resolução da Assembleia da República nº 63/98, em 9 de outubro e ratificada pelo Decreto do Presidente da República nº 56/98 de 2 de dezembro.
[63] Para efeitos da convenção pessoa portadora de deficiência "designa toda e qualquer pessoa, cujas perspetivas de encontrar e de conservar um emprego conveniente, assim

O Estado deve estimular e apoiar a ação do empregador na readaptação profissional de trabalhador com deficiência ou doença crónica (art. 85, nº 2, CT)[64].

Um dos objetivos da formação profissional é a promoção da reabilitação profissional de trabalhador com deficiência, "em particular daquele cuja incapacidade resulta de acidente de trabalho" (art. 130º, alínea d), do CT).

O Código do Trabalho prevê medidas de ação positiva em favor de trabalhador com deficiência ou doença crónica sendo que uma das medidas expressamente referidas pela lei é a promoção, por parte do empregador, de formação profissional (art. 25º, nº 3, do CT).

Trata-se de uma formação profissional específica imposta pela situação de deficiência ou doença crónica do trabalhador mas que para todos os efeitos se insere no âmbito da formação profissional a que se refere o Código do Trabalho.

O art. 86., nº 1, do Código do Trabalho estatui que o "empregador deve adotar medidas adequadas para que a pessoa com deficiência ou doença crónica tenha acesso a um emprego, o possa exercer e nele progredir, ou para que tenha formação profissional, exceto se tais medidas implicarem encargos desproporcionados.".

A formação profissional de trabalhador com estas características tendencialmente permitirá o acesso a novos postos de trabalho dentro da organização e/ou dará origem a um melhor exercício da atividade profissional e/ou à progressão no âmbito da mesma. Assim, e ao contrário do que numa primeira leitura poderia sugerir o disposto no art.

---

como de progredir profissionalmente, estão sensivelmente diminuídas em consequência de uma deficiência física ou mental devidamente reconhecida." (art. 1º, nº 1, da convenção nº 159 da OIT).

[64] A Lei nº 38/2004, de 18 de agosto que define as bases gerais do regime jurídico da prevenção, habilitação, reabilitação e participação da pessoa com deficiência estatui que compete ao Estado adotar medidas específicas necessárias para assegurar o direito de acesso ao emprego, ao trabalho, à orientação, formação, habilitação e reabilitação profissionais e a adequação das condições de trabalho da pessoa com deficiência.

86º, nº 1, do Código do Trabalho, a formação profissional não se opõe ao acesso a novas atividades profissionais, ao respetivo exercício e progressão é o ponto de partida para se alcançar todos os referidos objetivos.

A responsabilidade do empregador promover a formação profissional dos seus trabalhadores com deficiência ou doença crónica cessa se essas medidas implicarem encargos desproporcionados. Haverá desproporcionalidade se os custos com a formação profissional forem significativamente superiores aos benefícios resultantes para a organização e para o trabalhador.

O empregador que considere desproporcionado o custo do investimento em concreto na formação profissional de trabalhador portador de deficiência terá que requerer um parecer prévio do Instituto Nacional para a Reabilitação, o qual tem natureza obrigatória e vinculativa, e deve ser emitido no prazo de 20 dias úteis contados do envio da informação necessária por parte do empregador.

Os encargos não são considerados desproporcionados quando forem compensados por apoios do Estado. O DL nº 290/2009 de 12 de outubro estabelece o regime de concessão de apoio técnico e financeiro para o desenvolvimento das políticas de emprego e apoio à qualificação das pessoas com deficiências e incapacidades.

O Estado deve estimular e apoiar, pelos meios convenientes, a ação do empregador na realização do objetivo de permitir o acesso de trabalhador com deficiência ou doença crónica a formação profissional[65].

A lei estabelece quotas para trabalhadores com deficiência, pelo que as empresas devem, tendo em conta a sua dimensão, contratar pessoas com deficiência, mediante contrato de trabalho ou de prestação de ser-

---

[65] O Instituto Nacional de Estatística destacou em informação à comunicação social de 4 de fevereiro de 2002 e com referência ao último Censos de 2001, que "O número de pessoas com deficiência recenseadas em 12 de março de 2001 cifrou-se em 634 408, das quais 333 911 eram homens e 300 497 eram mulheres, representando 6,1% da população residente (6,7% da população masculina e 5,6% da feminina).".

viço, em número até 2% do total de trabalhadores daí que a questão da formação específica destes trabalhadores surja como uma inevitabilidade nas organizações de maior dimensão.

4. Trabalhador que sofreu acidente de trabalho ou afetado por doença profissional

O empregador deve promover especificas ações de formação para os seus trabalhadores vítimas de acidente de trabalho ou que contraíram doenças profissionais.

Embora a matéria da prevenção e reparação de acidentes de trabalho e doenças profissionais seja, nos seus princípios gerais, tratada pelo Código do Trabalho, o respetivo regime consta de legislação específica.

A Lei nº 98/2009, de 4 de setembro, é o diploma que, por remissão do art. 284º do Código do Trabalho, regulamenta o regime de reparação de acidentes de trabalho e de doenças profissionais, incluindo a reabilitação e reintegração profissionais.

Nesta situação específica, o dever de promover formação profissional não se constitui como uma decorrência do dever geral de formação profissional mas por um dever de reabilitação profissional que se impõe ao empregador ao serviço do qual o acidente ocorreu ou a doença profissional foi contraída.

Tratam-se de deveres de formação de natureza distinta a que prosseguem objetivos distintos.

Enquanto no dever geral de formação se visa melhorar a empregabilidade do trabalhador e aumentar a produtividade e competitividade da empresa assegurando-se, deste modo, a sua formação contínua, na formação profissional que se impõe ao empregador por força da eventualidade acidente de trabalho sofrido por trabalhador ao seu serviço ou afetado por doença profissional visa-se assegurar a reabilitação profissional do trabalhador sinistrado.

Estamos perante dois deveres de formação profissional de natureza distinta e que não se excluem. A reabilitação profissional do trabalhador, decorrente de acidente de trabalho, é assegurada pelo empregador sem prejuízo do número mínimo de horas anuais de formação profissional que o trabalhador tem direito por força do dever geral de formação. A lei proclama expressamente esta concorrência de formações no número 2, do artigo 44º, da L. nº 98/2009, de 4 de setembro.

Assim, o tempo dispendido na reabilitação profissional do trabalhador sinistrado não é contabilizado para efeitos do cumprimento do número mínimo de horas de formação contínua que tem que ser assegurado pelo empregador ao trabalhador no âmbito do dever geral de formação profissional.

O trabalhador pode ficar permanentemente afetado por lesão provocada por acidente de trabalho ou doença profissional que reduza a sua capacidade de trabalho[66].

Nestas situações, o empregador assegura a trabalhador sinistrado por acidente de trabalho ou afetado por doença profissional de que tenha resultado incapacidade temporária parcial, ou incapacidade permanente, parcial ou absoluta para o trabalho habitual que reduza a sua capacidade de trabalho ou de ganho a ocupação em funções compatíveis com o seu estado (art. 283º, nº 8, do CT e art. 155º, nº 1, da L. 98/2009, de 4 de setembro) assegurando-lhe, simultaneamente, a formação profissional, a adaptação do posto de trabalho, o trabalho a tempo parcial e a licença para formação ou novo emprego.

O trabalhador que exerça funções compatíveis de acordo com a sua incapacidade permanente, tem direito a licença para formação a qual pode ser concedida para frequência de curso de formação ministrado sob responsabilidade de uma instituição de ensino ou de formação profissional ou no âmbito de programa específico aprovado por autoridade competente e executado sob o seu controlo pedagógico, ou para frequência de curso ministrado em estabelecimento de ensino (art. 158º, nº 3, da L. 98/2009, de 4 de setembro).

---

[66] O art. 130º, al. d), do CT indica como objetivos da formação profissional a promoção da reabilitação profissional de trabalhador com deficiência, em particular daquele cuja incapacidade resulta de acidente de trabalho.

A concessão de licença para formação tem como consequência a suspensão do contrato de trabalho com os efeitos previstos no nº 4, do artigo 317º do Código do Trabalho.

O trabalhador solicita ao empregador a concessão da licença para formação, com a antecedência de 30 dias relativamente ao seu início, por escrito indicando o curso que pretende frequentar e a sua duração.

O empregador apenas pode recusar o pedido de concessão de formação profissional com fundamento em razões imperiosas e objetivas ligadas ao funcionamento da organização, ou à impossibilidade de substituir o trabalhador caso este seja indispensável (art. 158º, nº 6 e 7, da L. 98/2009, de 4 de setembro).

Quando o empregador assegure a ocupação compatível com o estado do trabalhador, pode requerer ao serviço público competente na área do emprego e formação profissional a avaliação da situação do trabalhador, tendo em vista a adaptação do seu posto de trabalho e disponibilização de formação profissional adequada à ocupação e função a desempenhar (art. 159º, nº 2, da L. 98/2009, de 4 de setembro).

Nas situações em que o trabalhador se mantenha na empresa ao serviço da qual sofreu o acidente ou contraiu a doença profissional, os encargos com a respetiva reintegração profissional são assumidos pelo empregador.

O empregador que assegure ocupação compatível com o estado do trabalhador pode beneficiar do apoio técnico e financeiro concedido pelo serviço público competente na área do emprego e formação profissional a programas relativos à reabilitação profissional de pessoas com deficiência, desde que reúna os respetivos requisitos.

Do mesmo modo, o empregador que promova a reabilitação profissional de um seu trabalhador nestas circunstâncias também pode beneficiar dos apoios técnicos e financeiros concedido pelo serviço público competente na área do emprego e formação profissional.

Nas situações em que não seja possível assegurar que o trabalhador se mantenha na empresa ao serviço da qual sofreu o acidente ou contraiu a doença profissional, os encargos com a respetiva reintegração profissional são assumidos pelo empregador e, alternativamente, pelo serviço público competente na área do emprego e formação profissional, no caso de acidente de trabalho, ou pelo serviço com competências na área da proteção contra os riscos profissionais, no caso de doença profissional.

Secção III
Evolução do regime jurídico do dever de formação do CT de 2003 ao CT de 2009

O Código do Trabalho de 2009 procurou aperfeiçoar o regime que na essência foi definido pelo Código do Trabalho de 2003.

O diagnóstico que consta do Livro Verde sobre as Relações Laborais no que respeita à qualificação dos trabalhadores em Portugal indica: "Estes níveis reduzidos de habilitações literárias são acompanhadas de níveis igualmente baixos de qualificações profissionais, apesar do esforço de formação profissional que se tem vindo a observar"[67].

Por seu turno o Livro Branco das Relações Laborais definiu como objetivos do modelo das relações laborais "promover o reconhecimento das competências, o acesso à formação e o aumento da qualificação"[68].

Para alcançar estes objetivos, o Código do Trabalho de 2009 integra no seu seio as alterações introduzidas no sistema de formação pelo Regime Jurídico do Sistema Nacional de Qualificações. Essa ligação é realizada através da remissão expressa do Código do Trabalho para o RJSNQ e pela incorporação de expressões introduzidas no nosso ordenamento pelo RJSNQ no Código do Trabalho.

---

[67] António Dornelas e Outros, Livro Verde sobre as Relações Laborais, p. 19.
[68] Comissão do Livro Branco das Relações Laborais, cit., p. 11.

A harmonização realizada entre o Código do Trabalho e o RJSNQ configurou uma atualização do Código do Trabalho face à evolução do sistema de qualificação, sendo determinante para a ligação entre os regimes de qualificação e de formação profissional e para o desenvolvimento da aplicabilidade do dever geral de formação a cargo do empregador.

Para além disso, o Código do Trabalho de 2009 procurou realizar ajustes nas suas opções as quais resultam da experiência de vigência de cinco anos do Código do Trabalho de 2003. Assim, o Código do Trabalho de 2009 visou potenciar e adequar à realidade o dever geral de formação a cargo do empregador.

A essas alterações fomos fazendo referência aquando da análise do regime geral de formação profissional, cumprindo, neste momento, destacar as principais.

O Código do Trabalho de 2009 procedeu a uma uniformização das exigências em matéria de formação nos contratos por tempo indeterminado e nos contratos a termo.

No que respeita aos trabalhadores com vínculo por tempo indeterminado, desapareceu a limitação que se traduzia na obrigatoriedade de se completarem seis meses de duração do contrato de trabalho como condição para o trabalhador adquirir direito à formação.

O trabalhador tem direito, por ano civil, a trinta e cinco horas de formação. No ano da contratação, se o início do vínculo laboral não coincidir com o início do ano civil, o trabalhador terá direito ao período proporcional de horas de formação as quais serão utilizadas quando se revelar mais conveniente.

No que respeita aos trabalhadores com contrato de trabalho a termo, reduziu-se de seis para três meses o período de tempo de duração efetiva do contrato de trabalho para que o trabalhador adquira o direito a beneficiar de formação profissional proporcional à duração do contrato nesse ano.

O legislador de 2009 introduziu a possibilidade de ser diferida a formação até dois anos. Trata-se de uma solução que não existia na redação de 2003, onde se previa apenas a antecipação, até ao máximo de três anos, do número de horas anuais de formação. No código de

2009, o legislador reduziu num ano o período de antecipação relativamente à anterior redação e permitiu um diferimento por igual período. O período de antecipação é de cinco anos, no caso de frequência de processo de reconhecimento, validação e certificação de competências ou de formação que confira dupla certificação. Estas soluções, que permitem antecipar e diferir a formação profissional, introduzem flexibilidade no seu regime.

O legislador de 2009 aditou os estabelecimentos de ensino reconhecidos pelo ministério competente como entidades aptas a ministrar formação. O legislador aumenta significativamente o número de entidades que podem ministrar formação profissional contínua e, consequentemente, ampliou a natureza da formação qualificada como formação contínua. De facto, a formação ministrada por estabelecimentos de ensino tem natureza distinta da formação ministrada pelo empregador ou por entidade certificada, não concorre com estes, complementa-os e, consequentemente, amplia a natureza da formação qualificada como contínua.

A ampliação da formação, incluindo os estabelecimentos de ensino reconhecidos pelo ministério competente como entidades aptas a ministrar formação, teve como efeito a aplicação do regime de trabalhador-estudante às horas de dispensa de trabalho para frequência de aulas e de faltas para prestação de provas de avaliação bem como as ausências a que haja lugar no âmbito de processo de reconhecimento, validação e certificação de competências.

O legislador de 2009 alterou a noção de trabalhador-estudante passando a considerar-se trabalhador-estudante o trabalhador que frequenta qualquer nível de educação escolar, bem como curso de pós-graduação, mestrado ou doutoramento em instituição de ensino, ou ainda curso de formação profissional ou programa de ocupação temporária de jovens com duração igual ou superior a seis meses. Na versão de 2003 do Código do Trabalho, a noção de trabalhador-estudante não abrangia a formação profissional.

Favorece-se o acesso a formação profissional, através de uma melhor regulamentação do crédito de horas para formação contínua: assim, as horas de formação anual que não sejam asseguradas pelo empregador até ao termo dos dois anos posteriores ao seu vencimento, transformam-se em crédito de horas em igual número para formação por iniciativa do trabalhador; o crédito de horas para formação é referido ao período normal de trabalho, confere direito a retribuição e conta como tempo de serviço efetivo; o trabalhador pode utilizar o crédito de horas para a frequência de ações de formação certificada, mediante comunicação ao empregador com a antecedência mínima de 10 dias; por instrumento de regulamentação coletiva de trabalho ou acordo individual, pode ser estabelecido um subsídio para pagamento do custo da formação, até ao valor da retribuição do período de crédito de horas utilizado; em caso de cumulação de créditos, a formação realizada é imputada ao crédito vencido há mais tempo; o crédito de horas que não seja utilizado cessa passados três anos sobre a sua constituição

O Código do Trabalho de 2009 procurou aperfeiçoar o regime de formação profissional incorporando soluções decorrentes da experiência obtida durante a vigência do Código do Trabalho de 2003.

Parte II
Pacto de Permanência

Capítulo I
Conteúdo e evolução do pacto de permanência

1. Noção, natureza jurídica e figuras afins
Indissociável da formação profissional é a figura do pacto de permanência.

O pacto de permanência está consagrado no art. 137º do Código do Trabalho e sistematicamente, encontra-se inserido na Secção VIII do Código do Trabalho dedicada às cláusulas acessórias dos contratos de trabalho na Subsecção II, que trata do regime jurídico das cláusulas de limitação da liberdade de trabalho[69].

---

[69] O pacto de permanência encontra-se previsto igualmente, no art. 78º da Lei Geral do Trabalho em Funções Públicas, aprovada pela L. nº 35/2014, de 20 de junho, nos seguintes termos:
1. É lícito o acordo pelo qual o trabalhador e o empregador público convencionem, sem diminuição de remuneração, a obrigatoriedade de prestação de serviço durante certo prazo, não superior a três anos, como compensação de despesas extraordinárias comprovadamente feitas pelo empregador público na formação profissional do trabalhador, podendo este desobrigar-se restituindo as importâncias despendidas.
2. Em caso de extinção do vínculo pelo trabalhador com justa causa ou quando, tendo sido declarado ilícito o despedimento, o trabalhador não opte pela reintegração, não existe a obrigação de restituir a soma referida no número anterior.
A Lei Geral do Trabalho em Funções Públicas atualiza, quanto ao pacto de permanência, a previsão legal anteriormente em vigor que constava do Regime do Contrato de Trabalho em Funções Públicas – art. 109º, da L. nº 59/2008, de 11/09. Ambas as versões seguem de

Trata-se de uma modalidade pactícia que introduz no contrato de trabalho uma duração mínima fundada no facto do empregador ter realizado um investimento avultado na formação de determinado trabalhador. As partes assumem uma vigência mínima para o contrato de trabalho que Monteiro Fernandes denominou de "termo estabilizador"[70].

O pacto de permanência, também denominado cláusula de permanência, é o acordo celebrado entre o trabalhador e o empregador pelo qual aquele se compromete a não denunciar o contrato de trabalho durante um período de tempo que não pode exceder os três anos, como contrapartida de despesas avultadas feitas pelo empregador com a sua formação profissional.

Segundo António Monteiro Fernandes, o pacto de permanência é "um compromisso de estabilidade assumido pelo trabalhador perante o empregador"[71]. Esse compromisso é garantido pela obrigação de restituição dos montantes correspondentes às despesas avultadas com formação profissional realizadas pelo empregador[72].

A variação terminológica entre pacto de permanência e cláusula de permanência indica, por um lado, que a obrigação de permanência tem autonomia e, nessa medida, pode constituir um negócio autónomo[73]. Por outro, indica que, tratando-se de uma cláusula, é suscetível de ser integrada num contrato de trabalho enquanto elemento desse negócio jurídico.

O contrato de trabalho como negócio jurídico é composto por elementos essenciais, naturais e acidentais.

---

perto a solução consagrada no Código do Trabalho de 2003 quanto ao pacto de permanência.
[70] António Monteiro Fernandes, Direito do Trabalho. p. 659.
[71] António Monteiro Fernandes, cit., p. 660.
[72] No mesmo sentido, embora considerando a versão do pacto de permanência constante no DL nº 49 408, de 24 de novembro de 1969, o Ac. RL de 03-02-2010 proferido no processo nº 459/03.4TTLSB.L1-4 e disponível em *http://www.dgsi.pt*.
[73] No nosso ordenamento jurídico, a noção de pacto é usada no sentido de negócio autónomo quando trata, nomeadamente, pactos privativos e atributivos de jurisdição, pacto social, pacto de preferência, pactos comissórios e pactos sucessórios.

Segundo Manuel de Andrade "elementos acidentais dos negócios jurídicos são as cláusulas ou estipulações negociais que, não sendo indispensáveis para caracterizar o tipo abstrato do negócio (venda, doação, etc.), ou para individualizar a sua entidade concreta, todavia não se limitam a reproduzir disposições legais supletivas, antes se tornam necessárias para que tenham lugar os efeitos jurídicos a que tendem"[74].

Enquanto cláusula acessória, o pacto de permanência tem uma importância que fez com que o legislador a tenha autonomizado com o caráter típico constante do art. 137º do Código do Trabalho. O pacto de permanência é, assim, uma cláusula acessória típica.

A cláusula de permanência é suscetível de integrar qualquer modalidade de contrato de trabalho. O legislador, ao não restringir a aplicabilidade do pacto de permanência a quaisquer tipos contratuais, flexibiliza a utilização da figura e atribui primazia à autonomia da vontade das partes na decisão quanto ao seu uso.

O pacto de permanência estabelece "que o trabalhador se obriga a não denunciar o contrato de trabalho"[75] durante determinado período de tempo ou, dito de forma positiva, o trabalhador tem uma obrigação de permanência na organização enquanto vigorar essa cláusula.

A cláusula de permanência limita a liberdade de denúncia do contrato de trabalho pelo trabalhador que o celebra sendo, consequentemente, um "acordo cujo condicionamento opera no decurso do contrato"[76].

O pacto de permanência distingue-se do pacto de não concorrência (art. 136º, do CT) – que constitui a outra cláusula de limitação da liberdade de trabalho prevista no Código do Trabalho – pois enquanto aquele atua na vigência do contrato de trabalho e destina-se a garantir que ele dure o suficiente para que as despesas avultadas realizadas pelo

---

[74] Manuel de Andrade, Teoria Geral da Relação Jurídica, vol. II, p. 36.
[75] Art. 137º, nº 1, do CT.
[76] João Zenha Martins, Os pactos de não concorrência no Código do Trabalho, Revista de Direito e de Estudos Sociais, Ano XLVII (XX da 2ª Série), julho-dezembro – 2006, nº 3 e 4, p. 292.

empregador fiquem compensadas, este constitui uma limitação da liberdade de trabalho para o momento subsequente à cessação do contrato.

A celebração do pacto não é, em qualquer circunstância, obrigatória para o trabalhador nem o empregador pode exigir a sua celebração. O empregador poderá, no entanto, condicionar a contratação do trabalhador que irá beneficiar de formação profissional à celebração do pacto de permanência ou pode não promover ações de formação profissional dispendiosas a trabalhador do seu quadro de pessoal que se recuse a subscrever o respetivo pacto de permanência.

A permanência do trabalhador na organização ou qualquer compensação decorrente da não permanência pressupõe a celebração de um pacto de permanência.

Quanto à natureza jurídica, o pacto de permanência é uma cláusula acessória típica que limita a liberdade de trabalho. Esta figura opera uma renúncia parcial a um direito fundamental – liberdade de escolha de profissão na vertente possibilidade de mudar de profissão (art. 47º, nº 1, da CRP). A referida renúncia parcial ocorre por via contratual no âmbito da relação jurídica entre dois sujeitos privados – o trabalhador e seu empregador.

A cláusula de permanência é uma obrigação unilateral pois o único sujeito que se encontra obrigado é o trabalhador.

O pacto tem natureza gratuita na medida em que a permanência é uma obrigação de prestação de facto negativo – *non facere* – em que o trabalhador assume o compromisso de se abster de denunciar o contrato de trabalho durante o período em que vigorar o pacto de permanência sem que essa obrigação tenha qualquer contraprestação.

Trata-se de uma obrigação negativa típica ou omissão pura, de não fazer, e caracteriza-se como uma abstenção do trabalhador em relação à denúncia que poderia exercer livremente se não existisse a obrigação de permanência. Considera-se que se verifica o não cumprimento do pacto de permanência a partir do momento em que o trabalhador realize o comportamento a cuja omissão se obrigara.

O pacto de permanência resulta da liberdade de estipulação das partes sendo que a sua validade pressupõe a constituição de uma relação laboral[77] e a verificação dos requisitos constantes do art. 137º, nº 1, do Código do Trabalho.

No Código do Trabalho existe um regime de denúncia que, não tendo sido autonomizado como figura jurídica pelo legislador, consagra uma permanência legal próxima, quanto aos efeitos, da permanência convencional constante do art. 137º do Código do Trabalho. Esse regime encontra-se consagrado no art. 71º do Código do Trabalho, no âmbito do trabalho prestado por menores, e deve ser analisado em contraponto com a figura do pacto de permanência como figura próxima ou afim.

Como referimos aquando da análise do trabalho de menores no âmbito dos regimes especiais do dever de formação por causas subjetivas, nas situações em que o trabalhador menor com idade inferior a 16 anos que tenha concluído a escolaridade obrigatória ou esteja matriculado e a frequentar o nível secundário de educação mas não possua qualificação profissional, ou o menor com pelo menos 16 anos de idade mas que não tenha concluído a escolaridade obrigatória, não esteja matriculado e a frequentar o nível secundário de educação ou não possua qualificação profissional só pode ser admitido a prestar trabalho desde que frequente modalidade de educação ou formação que confira, consoante o caso, a escolaridade obrigatória, qualificação profissional, ou ambas.

Nestas circunstâncias, o trabalhador menor que denuncie o contrato de trabalho sem termo durante a formação, ou num período imediatamente subsequente de duração igual àquela, deve compensar o empregador do custo direto com a formação que este tenha suportado.

A mesma solução é aplicável no caso do trabalhador menor denunciar o contrato de trabalho a termo depois de o empregador lhe haver proposto, por escrito, a conversão do mesmo em contrato sem termo.

---

[77] A constituição de obrigações de permanência no âmbito de outros contratos não laborais, nomeadamente contrato de prestação de serviços, contrato de mandato, contrato de agência, contrato de franquia, decorre da liberdade de estipulação das partes não sendo aplicável o regime do art. 137º, do CT.

Este regime de denúncia decorre da lei e não de um acordo das partes, não havendo qualquer compromisso que limite a cessação do contrato de trabalho por parte do trabalhador menor.

No entanto, do ponto de vista material os efeitos são idênticos aos do pacto de permanência. Este regime aplica-se aos trabalhadores menores, o que pressupõe uma natural limitação económica dos respetivos destinatários. O trabalhador menor terá de compensar o empregador do custo direto com a formação que este tenha suportado se a denúncia do contrato de trabalho por tempo indeterminado operar durante a formação ou no período subsequente de igual duração à formação ou se o trabalhador menor denunciar o contrato de trabalho a termo depois de o empregador lhe haver proposto por escrito a conversão do mesmo em contrato sem termo durante a formação, ou num período imediatamente subsequente de duração igual àquela.

As principais diferenças de regime estão na duração e nas modalidades de contrato de trabalho abrangidas.

Quanto ao período de tempo em que a denúncia do contrato de trabalho pelo trabalhador menor gera a obrigatoriedade de compensação é, em abstrato, indefinido apenas podendo ser concretizada caso a caso. No limite, podem configurar-se situações em que o período em que se mantém a obrigatoriedade de compensação pela denúncia do contrato de trabalho seja superior a três anos.

Apenas no âmbito dos contratos de trabalho por tempo indeterminado e dos contratos de trabalho a termo celebrados com menores e nas específicas circunstâncias indicadas opera a permanência legal.

2. Fundamentação

O pacto de permanência repousa sobre a vontade do empregador reter nos seus quadros aqueles trabalhadores em cuja formação profissional investiu com objetivos organizacionais definidos e sobre a necessidade de proteger o investimento efetivamente realizado em formação profissional pelo empregador em determinados trabalhadores pois a denúncia do contrato de trabalho pode, na ausência de pacto de permanência, ser livremente exercida por estes.

A denúncia do contrato de trabalho é um ato unilateral dependente apenas da vontade do trabalhador[78]. Trata-se do corolário do princípio constitucional da liberdade de trabalho não sendo necessário ao trabalhador fundamentar, perante o empregador, a sua decisão de denúncia.

Na medida em que o livre exercício da denúncia pelo trabalhador pode inviabilizar a permanência do trabalhador na organização e o investimento realizado pelo empregador na respetiva formação profissional, o legislador criou a figura do pacto de permanência que permite reter o trabalhador e salvaguardar esse investimento.

A obrigação de permanência visa garantir que o contrato de trabalho dura "o suficiente para que certas despesas importantes do empregador fiquem compensadas" pelo que "a garantia de duração da relação de trabalho joga aqui, não em prol da estabilidade do emprego, mas a favor de uma pretensão razoável do empregador, que é a de tirar proveito suficiente do investimento que fez em formação."[79].

Esse investimento pressupõe a necessidade de formação do trabalhador, o que implica desenvolvimento industrial e tecnológico. Assim, explica-se que a figura do pacto de permanência tenha sido introduzida no ordenamento jurídico-laboral português na segunda metade dos anos sessenta do século passado[80], numa fase de franco desenvolvimento industrial e tecnológico.

Nessa época assistiu-se ao desenvolvimento de "uma política de ampliação do parque industrial do País visando a substituição de

---

[78] No Ac. STJ de 05-07-2007 proferido no processo nº 07S1443 e disponível em *http://www.dgsi.pt*, diz-se, a respeito do envio pelo trabalhador do seu curriculum para várias empresas do setor de atividade do empregador: "um contrato de trabalho, conquanto pertencendo à espécie de negócios jurídicos de natureza duradoura, não implica uma vinculação permanente e imutável do trabalhador à sua entidade empregadora –, já que se não vislumbra a existência de um qualquer pacto de permanência, não se pode extrair daí uma não guarda de lealdade para com o empregador (...)".
[79] António Monteiro Fernandes, cit., p. 659.
[80] A introdução do pacto de permanência foi feita pelo DL nº 47 032 de 27 de maio de 1966 como melhor se verá quando se analisar a evolução do tratamento legal da figura no ordenamento jurídico português.

importações e em certa medida a colocação competitiva de alguns produtos nos mercados externos, até cerca de fins dos anos 60 esta política vai permitir uma expansão real, surgindo indústrias tão significativas como a siderurgia e alguns ramos da química de base"[81]. Por esse motivo, e porque o período do pós guerra foi de enorme crescimento a nível mundial, "o período subsequente à II guerra Mundial e até 1973 é a época de ouro do crescimento económico português, com uma taxa média anual de 5,6% do PIB *per capita*, entre 1953 e 1973"[82].

Durante o período de rápido crescimento económico entre o pós guerra e meados dos anos setenta do século XX, no que concerne a distribuição da população ativa por setores de atividade verificou-se "uma diminuição significativa da parcela da agricultura de quase metade para cerca de um terço e aumentos significativos das proporções da indústria e dos serviços de cerca de um quarto para cerca de um terço cada"[83].

Nesta fase de desenvolvimento económico e de modernização do país, verificou-se um incremento da industrialização e da terciarização experimentando o setor primário alguma retração[84].

Segundo José Mattoso, "Em termos de síntese das grandes linhas de mudança estrutural da sociedade portuguesa nos quase 25 anos que vão de 1950 a 1974, poderíamos dizer que ela é condicionada por três fenómenos essenciais: o êxodo rural, a industrialização e, a partir dos anos 60, a abertura económica à Europa"[85].

---

[81] Armando de Castro, Sentidos principais das "subestruturações" económicas de 1960--1961 a 1974-1975, História de Portugal, p. 654.
[82] Abel M. Mateus, Economia portuguesa desde 1910, p. 77.
[83] Eugénia Mata e Nuno Valério, História económica de Portugal – Uma perspetiva Global, p. 215.
[84] Segundo Eugénia Mata e Nuno Valério, cit., p. 215: "tanto a indústria como os serviços apresentaram taxas médias anuais acumuladas de crescimento superiores a 6%, ao passo que a agricultura apresentou uma taxa média anual acumulada de crescimento inferior a 3,5%.".
[85] José Mattoso, História de Portugal, sétimo volume, p. 495.

Em 1962, o Decreto nº 44 538[86] criou o Instituto de Formação Profissional Acelerada (IFPA) declarando-se no preambulo que a "importância da formação profissional no desenvolvimento económico de qualquer país é do conhecimento geral, sendo hoje reconhecido por toda a parte que os investimentos realizados na qualificação dos trabalhadores, a qualquer nível, são dos mais rentáveis.". Reconhece-se, ainda, no preâmbulo do referido diploma que "a formação profissional facilita a promoção social dos trabalhadores".

O Instituto de Formação Profissional Acelerada visou promover "a elevação do nível profissional dos trabalhadores" (art. 1º, do Decreto nº 44 538) competindo-lhe, nomeadamente, operar a reconversão profissional dos trabalhadores, promover a sua qualificação profissional, contribuir para a recuperação profissional dos trabalhadores parcialmente incapacitados e "colaborar com as empresas na formação do seu pessoal, utilizando os respetivos estabelecimentos, inclusive pela preparação de monitores privativos" (art. 3º, nº 1, al. d), do Decreto nº 44 538). Esta colaboração com as empresas pressupõe uma necessidade de formação no sentido de qualificação dos trabalhadores e um investimento em formação por parte do empregador.

Este é o contexto em que o legislador introduz o pacto de permanência na nossa ordem jurídica. O pacto de permanência é consagrado no ordenamento jurídico português em 1966 através do DL nº 47 032, de 27 de maio de 1966, como melhor se verá quando se proceder à análise da evolução da figura.

A importância do pacto de permanência acentua-se progressivamente à medida que se assiste à evolução do fordismo[87], enquanto modelo desenvolvimento dominante, para a sociedade do conhecimento.

---

[86] Publicado no Diário do Governo, nº 193, Série I de 23-08-1962.
[87] Fordismo designa não apenas o modelo de produção de massa desenvolvido por *Henry Ford* desenvolvido sobre os princípios de padronização e simplificação de *Taylor*, mas de forma mais ampla o massificar do consumo, o surgimento de amplos mercados de produtos estandarizados em que a concorrência era realizada com base no preço e em que a politica cambial era usada para influenciar a competitividade dos países.

Verifica-se um progressivo abandono de um modelo produtivo em que "a produção assentava em grandes séries e tirava partido da inovação tecnológica da automatização do equipamento, de uma racionalização acrescida na organização do trabalho – a passagem do taylorismo ao fordismo – e mobilizava mão de obra pouco qualificada, numa altura em que o perfil da população que sustentava este modelo se caracterizava por baixos níveis de escolarização"[88].

Progressivamente, a ciência vai impondo-se na estrutura produtiva e as competências necessárias para sustentar e desenvolver um modelo que tem a ciência como elemento diferenciador implica trabalhadores com formação escolar de base e formação profissional regular. Para além de surgirem novos setores de atividade baseados na ciência, as novas tecnologias de informação e comunicação (TIC) vão-se disseminando por todos os setores de atividade e por toda a sociedade gerando acréscimos de produtividade e transformando o modo de produzir e organizar o trabalho.

Neste contexto, a educação e a formação profissional adquirem uma enorme importância ao tornarem-se um elemento de competitividade e massificando-se.

Perante um acentuado desenvolvimento tecnológico, que coloca novas exigências aos trabalhadores e novas necessidades de formação, impõe-se ao empregador um investimento na formação profissional para adequar os seus trabalhadores aos novos desafios tecnológicos, surgindo o pacto de permanência com crescente interesse e aplicabilidade enquanto mecanismo jurídico que tem uma função de garantia do investimento económico traduzido no investimento na formação profissional dos trabalhadores ao seu serviço[89].

---

[88] Luís Oliveira e Helena Carvalho, Regulação e mercado de trabalho – Portugal e Europa, pp. 17 e 18.
[89] António Monteiro Fernandes, cit., p. 659, defende estar-se "perante algo de semelhante a um "termo estabilizador" concebido como instrumento de proteção de interesses do empregador.

O DL nº 47 032, de 27 de maio de 1966 proclamou, no art. 42º, o dever do empregador proporcionar aos seus trabalhadores meios de formação e aperfeiçoamento profissional. O DL nº 49 408, de 24 de novembro de 1969 manteve esse dever, nos mesmos termos.

Pode-se concluir que, nas sociedades modernas e perante o atual modelo de desenvolvimento, o pacto de permanência constitui um instituto de imprescindível utilidade na medida em que, cada vez mais, existe a necessidade de uma formação ao longo da vida que acompanhe um desenvolvimento tecnológico constante, sendo o pacto de permanência um instrumento de projeção profissional para o trabalhador e económica para o empregador[90].

O pacto de permanência é uma figura que concilia o interesse do empregador que investiu de forma avultada na formação de determinado trabalhador e a liberdade de escolha de profissão que constitui um direito fundamental de personalidade consagrado no art. 47º, nº 1, da Constituição da República Portuguesa.

3. A constitucionalidade do pacto de permanência

Na medida em que a Constituição da Republica Portuguesa consagra quer a liberdade de escolha da profissão (art. 47º, nº 1, da CRP) quer o direito ao trabalho (art. 58º, nº 1, da CRP) e o pacto de permanência constitui uma cláusula de limitação da liberdade de trabalho, coloca-se a questão da sua admissibilidade constitucional porque o pacto restringe a possibilidade de denúncia *ad nutum* do contrato de trabalho por parte do trabalhador.

O trabalhador ao celebrar um pacto de permanência limita, de modo voluntário, o seu direito de fazer cessar o contrato de trabalho imotivadamente e a todo o tempo, pois sacrifica a sua liberdade de desvin-

---

[90] Segundo Nancy Sirvent Hernández, El pacto de permanencia en la empresa, pag. 41 "el recurso principal de la sociedad postindustrial va a ser su personal cienífico y técnico. Este recurso va a encontrar en el Pper un instrumento de proyección profesional (para el trabajador) y económico (para el empresario) nada desdeñable.".

culação perante o interesse do empregador que se traduz na manutenção do vínculo de trabalho.

Em rigor, a questão da constitucionalidade do pacto de permanência não deve ser aferida em face do direito ao trabalho previsto no art. 58º da Constituição mas perante o direito de liberdade de escolha de profissão consagrado no art. 47º da lei fundamental.

A análise do art. 58º da Constituição não revela "um direito com um conteúdo determinado ou determinável. O direito ao trabalho não consta, por conseguinte, de uma disposição diretamente aplicável, valendo antes como uma imposição aos poderes públicos, sempre dentro de uma reserva do possível, no sentido da criação das condições normativas e fácticas, que permitam que todos tenham efetivamente direito ao trabalho"[91].

O direito ao trabalho previsto no art. 58º, da Constituição é um direito social consagrado entre os Direitos e deveres económicos, sociais e culturais, no título III.

Pelo contrário, a liberdade de profissão consagrada no art. 47º, nº 1, da CRP é um direito fundamental que integra o conjunto dos direitos, liberdades e garantias definidos na Constituição da República Portuguesa.

O art. 47º, nº 1, da Constituição dispõe: "Todos têm o direito de escolher livremente a profissão ou o género de trabalho, salvas as restrições legais impostas pelo interesse coletivo ou inerentes à sua própria capacidade.".

Segundo J. J. Gomes Canotilho e Vital Moreira a "liberdade de profissão é uma componente da liberdade de trabalho, que, embora, sem estar explicitamente consagrada de forma autónoma na Constituição, decorre indiscutivelmente do princípio do Estado de direito democrático"[92].

---

[91] Jorge Miranda e Rui Medeiros, cit., p. 588.
[92] J. J. Gomes Canotilho e Vital Moreira, cit., pp. 653 e 654.

A liberdade de trabalho e de profissão compreende, em sentido amplo, uma dimensão positiva e uma outra negativa.

A dimensão positiva traduz-se na "liberdade de escolha e de exercício de qualquer género ou modo de trabalho que não seja considerado ilícito pela lei penal – possua ou não esse trabalho caráter profissional, seja típico ou atípico, permanente, temporário ou sazonal, seja independente ou subordinado, esteja estatutariamente definido ou não"[93]. Uma das concretizações da liberdade de escolha de profissão é o direito de mudar de profissão.

Rogério Ehrhardt Soares entende o "direito à profissão como um direito fundamental unitário, cujos elementos são a escolha, a admissão, assunção e aperfeiçoamento, como também o abandono da profissão."[94]. A liberdade de desvinculação do trabalhador constitui uma tradição que procede do código napoleónico que proibia a vinculação perpétua do trabalhador. Nesta linha, a Declaração Universal dos Direitos do Homem proclama que toda a pessoa tem direito "à livre escolha do trabalho" (art. 23, nº 1, da DUDH).

A dimensão negativa consiste na "interdição de trabalho obrigatório, a impossibilidade de o Estado vincular quem quer que seja a certo género de trabalho, profissional ou não, a certa e determinada empresa ou a certo trabalho em concreto"[95].

A qualificação constitucional da liberdade de profissão enquanto direito, liberdade e garantia e do direito ao trabalho como direito económico, social e cultural afasta estas duas figuras e marca a diferença entre ambas. Foi a Revisão Constitucional de 1982 que procedeu à passagem da liberdade de profissão do título dedicado aos direitos económicos, sociais e culturais para o título dedicado aos direitos liberdades e garantias. Segundo João Pacheco de Amorim, esta deslocação da liber-

---

[93] Jorge Miranda e Rui Medeiros, cit., p. 474.
[94] RLJ, Ano 124º, nº 3809, p. 228.
[95] Jorge Miranda e Rui Medeiros, cit., p. 474.

dade de profissão traduz "o formal reconhecimento, garantia e proteção pelo constituinte de uma «densidade subjetiva» reforçada relativamente àquela liberdade"[96].

A Constituição ao consagrar a liberdade de escolha de profissão reconhece e garante a cada cidadão a liberdade de definir que trabalho desenvolver e em que circunstancias. Esta liberdade permite a afirmação da personalidade de cada cidadão traduzida na escolha do trabalho a empreender e do momento em o vínculo se inicia e cessa. O art. 47º, nº 1, da Constituição proclama um direito fundamental de personalidade.

As normas que consagram direitos, liberdades e garantias como a constante do art. 47º, nº 1, da Constituição são normas imediatamente eficazes, sem necessidade de mediação ou concretização do legislador ordinário. A aplicabilidade direta destas normas (art. 18º, nº 1, da CRP) significa que são normas "diretamente reguladoras de relações jurídico materiais"[97]. Nesta e noutras matérias, a Constituição constitui fonte direta de direito do trabalho.

A figura do pacto de permanência tem uma dimensão de renúncia parcial a um direito fundamental – liberdade de escolha de profissão na vertente possibilidade de mudar de profissão. Essa renúncia parcial ocorre no âmbito da relação jurídica entre dois sujeitos privados – o trabalhador e seu empregador.

Pelo exposto, é relevante proceder a uma análise da constitucionalidade do art. 137º, do Código do Trabalho face ao art. 47º, nº 1, da Constituição da República Portuguesa, pois o pacto de permanência limita a liberdade de denúncia do trabalhador, restringindo a liberdade de escolha de profissão na vertente possibilidade de mudar de profissão.

---

[96] João Pacheco Amorim, Liberdade de Profissão: Contributo para uma distinção entre duas figuras afins, Estudos Jurídicos em Homenagem ao Prof. Doutor António Motta Veiga, p. 114.
[97] J. J. Gomes Canotilho, Direito Constitucional e Teoria da Constituição, p. 438.

Noutros ordenamentos jurídicos têm sido manifestadas reservas quanto à constitucionalidade das cláusulas limitativas da liberdade de trabalho[98].

No acórdão nº 256/2004 do Tribunal Constitucional[99], o qual reveste interesse para a presente análise não obstante ter por objeto a figura do pacto de não concorrência, citam-se as conclusões da análise de Júlio Gomes[100] sobre as dúvidas que surgem quanto à constitucionalidade das cláusulas limitativas da liberdade de trabalho no âmbito do direito comparado. No referido acórdão do Tribunal Constitucional dá-se nota da análise do tema em Itália e na Alemanha nos seguintes termos: "em Itália, por Giuseppe Mancini e por Giuseppe Pera, que chamam a atenção para a limitação que delas deriva para a liberdade de desvinculação do trabalhador, sustentando o primeiro que o valor da liberdade económica se deve subordinar à liberdade de trabalhar; e na Alemanha, por Norbert Achterberg, que salienta a íntima e indissociável ligação do direito ao trabalho à realização da personalidade do trabalhador e para quem tais valores imateriais não são adequadamente compensados através da previsão legal da onerosidade da cláusula. E aquele autor sublinha que a interrogação quanto à licitude de tais cláusulas deriva não só da possibilidade de serem vistas como «atentatórias de um direito ou liberdade fundamental e indisponível, como é a liberdade de trabalho» e da limitação que provocam na «liberdade

---

[98] Júlio Gomes, As cláusulas de não concorrência no direito do trabalho, Revista de Direito e de Estudos Sociais, pp. 7-40.
[99] Publicado no Diário da Republica, II Série, nº 266, p. 16800, de 12 de novembro de 2004.
[100] Diz o referido acórdão: "Júlio Manuel Vieira Gomes [«As cláusulas de não concorrência no direito do trabalho (Algumas questões)», *Revista de Direito e de Estudos Sociais,* ano XXXX (XIII da 2ª série), 1999, pp. 7-40, republicado, com aditamentos, em *Juris et De Jure – Nos vinte anos da Faculdade de Direito da Universidade Católica Portuguesa – Porto,* edição da Universidade Católica Portuguesa (Porto), Porto, 1998, pp. 933-968] dá conta de que, noutros ordenamentos jurídicos, têm sido expressas dúvidas quanto à constitucionalidade destas cláusulas".

de desvinculação de um trabalhador, também ela uma faceta da liberdade de trabalhar»".

Também em Portugal são apresentados argumentos que permitem questionar a admissibilidade constitucional das cláusulas de limitação da liberdade de trabalho. Alguns autores defendem que a renúncia antecipada ao exercício dos direitos constitucionalmente consagrados, ainda que ocorra de forma transitória, conflitua com direitos constitucionalmente consagrados e garantidos.

Manifestou reservas relativamente a estas cláusulas Jorge Leite na medida em que as mesmas conferem "uma certa compressão da liberdade de desvinculação contratual por parte do trabalhador, o que pode suscitar algumas dúvidas sobre a sua constitucionalidade."[101]. Para Jorge Leite as cláusulas de permanência limitam a liberdade de desvinculação do contrato de trabalho pelo trabalhador e nem a possibilidade de desvinculação prevista na lei permite afastar as dúvidas quanto à constitucionalidade do pacto de permanência porque o montante das quantias a reembolsar pode condicionar, para além do tolerável, a liberdade de denúncia do contrato de trabalho pelo trabalhador. Nesta perspetiva, o pacto de permanência constrangeria o trabalhador a permanecer vinculado ao empregador contra a sua vontade e interesse. No entanto, desde que seja garantido o equilíbrio da obrigação, no respeito pelo princípio da proporcionalidade, conclui pela razoabilidade da proteção do empregador que o pacto de permanência configura não só pelo montante avultado das despesas realizadas as quais não visam apenas a satisfação do interesse da organização mas também a valorização profissional do trabalhador que essas despesas implicam[102].

Reservas semelhantes foram expostas por Joana Vasconcelos, que defende, para garantir a conformidade constitucional do pacto de permanência, ser necessário "fazer uma leitura do preceito em causa que garanta a consistência prática da livre desvinculação que ao trabalhador

---

[101] Jorge Leite, A extinção do contrato de trabalho por vontade do trabalhador, p. 91.
[102] Jorge Leite, Direito do Trabalho, vol. II, pp. 60-61.

é permitida (sem, naturalmente, descurar os relevantes interesses do empregador que o pacto de permanência visa acautelar) e, por tal via, a sua conformidade constitucional."[103].

O art. 47º, da Constituição da República Portuguesa diz que todos os cidadãos têm o direito de livre escolha da profissão ou do género de trabalho, "salvas as restrições legais impostas pelo interesse coletivo ou inerentes à sua própria capacidade".

A Constituição prevê de forma expressa, no art. 47º, nº 1, a existência de "restrições legais impostas pelo interesse coletivo ou inerentes à sua própria capacidade", ou seja, a liberdade de escolha de profissão fica à partida restringida por força dos dois pressupostos constitucionais limitativos do respetivo conteúdo[104].

A primeira restrição constitucional decorre do interesse coletivo.

Em abstrato, interesse individual existe sempre que a situação favorável à satisfação de uma necessidade pode determinar-se em relação a um só indivíduo.

Por seu turno, interesse coletivo existe sempre que essa situação favorável não pode determinar-se senão em conjunto com outras idênticas situações favoráveis dos restantes membros de um certo grupo.

Os interesses particulares frequentemente não coincidem com os interesses coletivos do grupo onde se inserem[105] porque "o interesse coletivo não se reduz ao mero somatório dos interesses individuais dos membros do grupo."[106]. O interesse coletivo supera o interesse individual assumindo um caráter distinto e autónomo.

---

[103] Joana Vasconcelos, Pacto de permanência, liberdade de trabalho e desvinculação do trabalhador, in estudos em homenagem a Miguel Galvão Teles, Vol. II, p. 832.
[104] Jorge Miranda e Rui Medeiros, cit., p. 476 sublinham que esta opção restritiva do texto fundamental vem na senda das Constituições anteriores mas em oposição à forma como aí se tratam as outras liberdades.
[105] Um sindicato, por exemplo, não constitui um dispositivo de representação cuja legitimidade de cinja aos casos de coincidência de pretensões dos seus associados. O interesse coletivo sindical é o interesse unitário do grupo, no sentido de unificação de vontades ainda que dissidentes.
[106] António Monteiro Fernandes, cit., p. 693.

Tal significa que interesse coletivo se refere "não a um sujeito singularmente considerado, mas a uma pluralidade de sujeitos. Porém, a qualificação de coletivo implica algo mais do que mera pluralidade de titulares; significa principalmente que a satisfação daquele interesse é indivisível. Esta a nota essencial dos interesses coletivos – que, assim, se poderão definir como aqueles cuja configuração ou satisfação é indivisível para um grupo de indivíduos ou coletividade"[107].

Tradicionalmente entendeu-se que a determinação do interesse coletivo implica o sacrifício do individual.

Recentemente tem-se entendido que a elaboração do interesse coletivo envolve uma escolha ou seleção entre interesses diversos, ou entre diversas situações de interesses, tendo em vista a prevalência entre eles para que a preterição de uns funcione como instrumentos de promoção de outros.

A segunda restrição constitucional à liberdade de escolha de profissão é inerente à própria capacidade do trabalhador, podendo o legislador condicionar o acesso ao exercício de determinadas profissões à verificação de certos pressupostos, nomeadamente a obtenção de títulos académicos, ter capacidades físicas (altura, acuidade visual, etc.), possuir idade mínima, prestação de provas de concurso.

A Constituição no art. 71º, nº 1 proclama que os cidadãos portadores de deficiência são titulares de todos os direitos constitucionalmente consignados ressalvando, no entanto, aqueles "para os quais se encontram incapacitados.".

Sublinhe-se que as restrições legais à liberdade de trabalho "relativas à capacidade se concretizam sobretudo no momento da escolha, e as relativas ao interesse coletivo no momento do exercício."[108].

O pacto de permanência é uma restrição legal à liberdade de trabalho imposta pelo interesse coletivo.

---

[107] Mário Pinto, O interesse coletivo de categoria Profissional, Análise Social, vol. II, 1964 (nº 6), p. 313.
[108] João Pacheco de Amorim, A liberdade de escolha da profissão de advogado, pp. 25 e seg.

As limitações impostas à liberdade de escolha de profissão constituem restrições de direitos, liberdades e garantias, pelo que têm que ter forma de lei (art. 47º, nº 1, *in fine* e art. 18º, nº 2 e 3, todos da CRP). Trata-se de restrições operadas por lei mas expressamente autorizadas pela lei fundamental. Este requisito formal é cumprido pois o pacto de permanência insere-se no Código do Trabalho que foi aprovado pela Lei nº 7/2009, de 12 de fevereiro. Não se verifica qualquer inconstitucionalidade orgânica, por violação do disposto no artigo 47º, nº 1, da Constituição.

Para além do requisito de forma indicado, há um requisito substancial que impõe que as restrições se devem limitar ao necessário para salvaguardar outros direitos ou interesses constitucionalmente protegidos (art. 47º, nº 1, *in fine* e art. 18º, nº 2, *in fine* ambos da CRP), como melhor se verá, o princípio da proporcionalidade assume um caráter determinante no assegurar deste equilíbrio.

As restrições à liberdade de escolha de profissão têm de ser legais, no entanto não basta a existência de uma lei para tornar admissíveis quaisquer restrições, é obrigatório que a decisão legislativa se baseie num fundamento razoável. Assim, "não basta a alegação do interesse coletivo: é mister fazê-lo patente, tem de ser um interesse compatível com os valores constitucionais e ele só pode projetar-se sobre a liberdade de profissão na medida do necessário"[109].

A formação profissional constitui o interesse coletivo que fundamenta a restrição constitucional à liberdade de escolha de profissão operada pelo pacto de permanência na vertente da possibilidade de mudar de profissão e não se ser constrangido a manter um vínculo de trabalho contra a respetiva vontade. Esta restrição concretiza-se no momento do exercício. O pacto de permanência constitui uma figura que pressupõe a verificação de formação profissional. O art. 137º do Código do Trabalho faz depender a validade do pacto de permanência da realização de despesas avultadas em formação profissional do trabalhador pelo seu empregador. Independentemente da sua inserção

---

[109] Jorge Miranda e Rui Medeiros, cit., p. 476.

sistemática, o pacto de permanência é uma figura que materialmente se integra no regime da formação profissional não possuindo qualquer autonomia fora do mesmo.

A formação profissional é um interesse que se encontra constitucionalmente consagrado no art. 58º, nº 2, al. c) e 70º, nº 1, al. a), ambos da Constituição da República Portuguesa.

Segundo o art. 58º, nº 2, al. c), da Constituição incumbe ao Estado promover "a formação cultural e técnica e a valorização profissional dos trabalhadores" nesse desígnio participam organizações representativas de empregadores e de trabalhadores.

Por seu turno, o art. 70º, da Constituição da República Portuguesa consagra uma proteção especial conferida aos jovens para efetivação dos seus direitos económicos, sociais e culturais, nomeadamente na formação profissional.

A constituição e a lei reconhecem que a formação profissional constitui um interesse coletivo na medida em que atribuem competências nessa área às estruturas de representação coletiva dos trabalhadores que, por natureza, incidem a sua atuação predominantemente no domínio dos interesses coletivos garantindo, deste modo, a sua representação.

As comissões de trabalhadores e as associações sindicais participam dos processos de reestruturação da organização, na elaboração dos planos de formação e dos relatórios de formação profissional (art. 54º, nº 5, al. c) e art. 56º, nº 2, al. e), ambos da CRP e art. 423º, nº 1, al. c) e art. 443º, nº 2, ambos do CT).

A comissão de trabalhadores pode, no exercício do controlo de gestão, "apresentar à empresa sugestões, recomendações ou críticas tendentes à qualificação inicial e à formação contínua dos trabalhadores" (art. 426º, nº 2, al. d), do CT).

As estruturas de representação coletiva dos trabalhadores participam na elaboração da legislação do trabalho nomeadamente nos diplomas que versam sobre formação profissional (art. 469º, nº 2, al. e), do CT).

Por outro lado, as convenções coletivas de trabalho (art. 56º, nº 3 e 4, da CRP) devem regular "as ações de formação profissional, tendo presentes as necessidades do trabalhador e do empregador" (art. 492º, nº 2, al. b), do CT). Acresce que, relativamente à formação contínua, o disposto na lei pode ser adaptado por convenção coletiva que leve em consideração as características do setor de atividade, a qualificação dos trabalhadores e a dimensão da organização (art. 131º, nº 9, do CT).

A intervenção das estruturas de representação coletiva dos trabalhadores na definição da formação profissional demonstra que, também nesta área, os interesses particulares não coincidem com os interesses coletivos do grupo onde se inserem[110].

O pacto de permanência tem uma dimensão que transcende a dimensão individual da defesa do interesse do empregador. A defesa do investimento avultado do empregador em formação profissional de um seu trabalhador através do pacto de permanência, promove defende e incentiva a realização de formação profissional pelos empregadores. O pacto de permanência é uma figura que integra o regime da formação profissional e não tem aplicação fora desse mesmo regime. Integrado no regime da formação profissional, o pacto de permanência, é um instrumento de promoção da formação profissional.

Neste sentido, o pacto de permanência integra o interesse coletivo que é a formação profissional. O pacto de permanência faz parte do regime jurídico da formação profissional e promove-a, pois ao defender o investimento avultado em formação profissional garante a segurança desse investimento assegurando, tendencialmente, o retorno do mesmo através da permanência do trabalhador. Trata-se de uma figura que gera confiança e incentiva, por essa via, o desenvolvimento da formação profissional o que constitui um interesse genérico dos trabalhadores como ficou referido aquando da análise da dimensão individual da formação profissional[111].

---

[110] No Ac. STA de 02-02-95 proferido no processo nº 033054 e disponível em *http://www.dgsi.pt* pode ler-se: "I – Os sindicatos representam os interesses coletivos, sócio-laborais dos seus associados e não interesses meramente individuais.". No mesmo sentido o Ac. STA de 13-02-1990 proferido no processo nº 022009 e disponível em *http://www.dgsi.pt*.
[111] Cfr. supra Cap. I, 1. Formação profissional e suas dimensões.

O legislador, através do pacto de permanência, restringe a liberdade de escolha de profissão ao limitar a possibilidade de denúncia do contrato de trabalho (art. 47º, nº 1, da CRP) criando um mecanismo que promove a valorização profissional dos trabalhadores.

Esta restrição legal do direito fundamental é realizada salvaguardando o conteúdo essencial do direito fundamental.

Por um lado, a salvaguarda do conteúdo essencial do direito fundamental é alcançada pela circunstância da restrição recair sobre a possibilidade de denúncia *ad nutum* do contrato de trabalho e não sobre todo o conteúdo do direito fundamental liberdade de escolha de profissão.

Por outro lado, a salvaguarda do núcleo essencial do direito fundamental pressupõe que a restrição que recai sobre a possibilidade de denúncia *ad nutum* do contrato de trabalho seja voluntária, limitada no tempo e fundamentada num interesse coletivo.

A voluntariedade da restrição operada pelo pacto de permanência é uma condição de validade do seu regime.

A limitação à liberdade de trabalho constante do art. 137º do Código do Trabalho não constitui uma restrição desproporcionada uma vez que a lei lhe impõe um alcance temporalmente limitado, não superior a três anos, o que configura uma limitação de exercício do direito e não o seu afastamento definitivo da esfera jurídica do trabalhador.

A restrição imposta pelo pacto de permanência decorre da proteção que o legislador optou por conferir ao investimento avultado em formação profissional. O pacto de permanência funda-se na proteção ao interesse coletivo que é a formação profissional.

A lei contém, ainda, a possibilidade de, a todo o tempo e sem motivação, o trabalhador se poder libertar da obrigação de permanência restituindo as despesas realizadas pelo empregador em formação profissional. Esta desvinculação antecipada do trabalhador configura um direito potestativo extintivo da obrigação de permanência e constitui uma salvaguarda bem como uma valorização do direito fundamental restringido do trabalhador (art. 47º, nº 1, da CRP) sobre o interesse do empregador a favor do qual foi celebrado o pacto de permanência.

Assim, não é o facto do valor da formação profissional ministrada ser impeditivo da desvinculação antecipada do trabalhador que pode colocar questões de inconstitucionalidade do pacto de permanência. A lei garante a voluntariedade da renuncia ao direito fundamental liberdade de escolha de profissão, a sua limitação temporal e, principalmente, a salvaguarda do núcleo essencial desse direito fundamental.

Verifica-se a restrição parcial de um direito fundamental – liberdade de escolha de profissão (art. 47º, da CRP) – na medida necessária para a promoção de um interesse coletivo constitucionalmente protegido (art. 58º, nº 2, alínea c), e art. 70º, nº 1, al. a), ambos da CRP).

Segundo Maria do Rosário Palma Ramalho o limite temporal da obrigação de permanência e a possibilidade de desvinculação do trabalhador "asseguram a adequação da restrição ao princípio constitucional da liberdade de trabalho, que decorre destes pactos, dentro de limites de razoabilidade"[112-113].

A restrição imposta pelo interesse coletivo – formação profissional – resultante do pacto de permanência, ao direito fundamental liberdade de escolha de profissão encontra-se expressamente prevista na constituição e garante o conteúdo essencial deste direito, liberdade e garantia. Concluímos, por todo o exposto, pela constitucionalidade do preceito.

4. Evolução do tratamento legal da figura no ordenamento jurídico português

Cumpre, nesta fase, realizar a análise da evolução do tratamento legal desta figura no ordenamento jurídico-laboral português.

O pacto de permanência é uma figura presente há várias décadas no nosso direito do trabalho e que tem mantido, durante todo esse período, uma estabilidade ao nível do regime.

---

[112] Maria do Rosário Palma Ramalho, Direito do Trabalho, Parte II – Situações Laborais Individuais, p. 211.
[113] Idêntica referência à razoabilidade da restrição da regra constitucional consta do Ac. STJ de 30-06-2011 proferido no processo nº 2779/07.0TTLSB.L1.S1 e disponível em *http://www.dgsi.pt*.

As alterações que a figura do pacto de permanência sofreu nas quatro versões que sucessivamente regularam a matéria constituíram ajustes de forma, mantendo-se imutáveis os aspetos essenciais da figura desde a sua consagração original.

Analisemos as quatro versões que regularam a matéria do pacto de permanência.

O pacto de permanência foi consagrado pela primeira vez no ordenamento jurídico-laboral português em 1966 através do DL nº 47 032, de 27 de maio de 1966[114].

O pacto de permanência não constava da proposta original de diploma – projeto de proposta de Lei nº 517[115]. Esteve, igualmente, omisso do parecer da Câmara Corporativa, que propôs um texto legislativo mais extenso e pormenorizado do que a proposta original, de que foi relator o Prof. Inocêncio Galvão Telles[116]. O anteprojeto de diploma legal preparado pelo Prof. Pessoa Jorge[117], que elaborou um novo texto ainda mais desenvolvido, também não fazia qualquer referência ao pacto de permanência.

O DL nº 47 032, de 27 de maio de 1966 veio consagrar, ao lado do pacto de não concorrência, previsto no parecer da Câmara Corporativa e no anteprojeto de Pessoa Jorge, o pacto de permanência.

A autonomia do pacto de permanência não surge destacada face ao pacto de não concorrência. Por um lado, a epígrafe não contribui para a desejável clarificação. Por outro lado, o preambulo do diploma, ao enumerar as matérias em que inova na ordem jurídica não só omite qualquer referência ao pacto de permanência como, nessa enumeração, faz referência aos "pactos de não concorrência". A inserção sistemática,

---

[114] Publicado no Diário do Governo nº 125, Série I de 27-05-1966.
[115] Publicado nas Atas da Câmara Corporativa, nº 109, VII Legislatura, 6 de outubro de 1960.
[116] Parecer nº 45/VII, sobre o projeto de proposta de lei, nº 517, publicado nas Atas da Câmara Corporativa, nº 142, VII Legislatura, 15 de novembro de 1961.
[117] Contrato de Trabalho – Anteprojeto de Diploma Legal, Estudos Sociais Corporativos, p. 247.

a previsão tardia da figura, a ausência de referências expressas à mesma e a utilização do plural para o pacto de não concorrência coloca a dúvida sobre a consciência da autonomização teórica do pacto de permanência pelo legislador.

O DL nº 47 032 adotou uma sistemática inovadora no ordenamento *jus-laboral* ao consagrar no Capítulo II um conjunto de direitos, deveres e garantias de caráter genérico. Segundo o preâmbulo do referido diploma, esse capítulo continha, entre outros, "o princípio da liberdade de trabalho subsequente à cessação de qualquer contrato".

Apesar da consagração do princípio da liberdade de trabalho[118], o DL nº 47 032 estabeleceu no seu art. 36º, nº 3, sob a epígrafe "Liberdade de trabalho; pacto de não concorrência", o pacto de permanência nos seguintes termos:

> Não obstante o disposto no número anterior, é lícita a cláusula pela qual as partes convencionem a obrigatoriedade da prestação de serviço durante certo prazo, não superior a três anos, como compensação de despesas extraordinárias feitas pela entidade patronal na preparação profissional do trabalhador, de que este, no entanto, poderá desobrigar-se restituindo àquela a soma das importâncias despendidas. De qualquer modo, tal cláusula nunca poderá estipular diminuição da retribuição como forma de compensação da formação profissional adquirida.

Como referido, este preceito contém a essência do regime jurídico do pacto de permanência que sofreu pequenos ajustes desde a sua consagração originária no nosso ordenamento jurídico-laboral.

É relevante a referência feita *ab initio* à expressão formação profissional a qual viria a ser retomada, no âmbito do regime do pacto de permanência, pelo Código do Trabalho de 2003.

---

[118] O princípio da liberdade de trabalho encontrava-se expressamente consagrado no art. 8º, nº 7, da Constituição de 1933, sendo reafirmado pelo art. 4º do Estatuto do Trabalho Nacional.

Contudo a utilização das expressões: *preparação profissional* e *formação profissional*, ainda que como sinónimos, não contribuíram para a desejável clarificação conceptual sobre o objeto e fim da figura.

O DL nº 49 408, de 24 de novembro de 1969[119] (LCT), diploma que revogou o DL nº 47 032, também dispunha no respetivo art. 36º, nº 3, sob a mesma epígrafe e com poucas alterações relativamente ao diploma que o precedeu:

> É lícita igualmente a cláusula pela qual as partes convencionem, sem diminuição da retribuição, a obrigatoriedade de prestação de serviço durante certo prazo, não superior a três anos, como compensação de despesas extraordinárias feitas pela entidade patronal na preparação profissional do trabalhador, podendo este desobrigar-se restituindo a soma das importâncias despendidas.

Embora com ligeiros ajustes de redação o DL nº 49 408, de 24 de novembro de 1969 não inovou relativamente ao que se encontrava anteriormente consagrado[120]. O legislador eliminou a concomitância das duas expressões: preparação profissional e formação profissional, optando por manter apenas a referência à preparação profissional.

A manutenção da figura do pacto de permanência na LCT de 1969 tem uma importância que deve ser sublinhada na medida em que reflete a sua consolidação no direito do trabalho nacional.

Essa consolidação opera não tanto pelo facto da LCT ter vigorado, com várias alterações que não atingiram o pacto de permanência, durante um período muito longo, de 1969 a 2003, mas fundamentalmente por entender-se que o DL nº 47 032, de 27 de maio de 1966, por conter numerosas inovações, deveria ter "um período de vigência que, sob alguns aspetos, poderá classificar-se de experimental, dada a obrigatoriedade da sua revisão até 31 de dezembro de 1968, na qual,

---

[119] Publicado no Diário do Governo nº 275, Série I de 24-11-1969.
[120] Segundo Mário Pinto e outros "Com alguns acertos de redação, corresponde este preceito ao art. 36º, da LCT1, relativamente ao qual a LCT não trouxe qualquer novidade" Comentário às leis do Trabalho, vol. I, p. 169.

como é lógico, serão ponderados todos os dados e ensinamentos, bem como as observações e críticas que entretanto puderem ser recolhidas"[121].

A ideia de que a LCT constitui uma consolidação de soluções inovadoras resultante da prática legislativa que a precedeu consta de forma expressa do preâmbulo desse diploma que proclama que o respetivo objeto "procura responder à intenção de atribuir ao Decreto-Lei nº 47 032 vigência quase experimental durante o período de dois anos, considerado suficiente para a melhor ponderação das soluções nele consagradas, algumas de bem marcado sentido inovador, e conveniente aproveitamento dos ensinamentos e sugestões que a seu respeito a experiência da aplicação prática entretanto viesse conceder. Aproveitando-se a oportunidade para resolver também certas dificuldades de interpretação ou aplicação que a vigência dos preceitos tenha revelado, acrescentando-lhe a correção de um outro ponto em que o regime se tenha manifestado, eventualmente, menos adequado"[122].

O Código do Trabalho de 2003 previu, em preceito autónomo, o pacto de permanência consagrando-o no art. 147º do diploma, sob a epígrafe "pacto de permanência", nos seguintes termos:

1. É lícita a cláusula pela qual as partes convencionem, sem diminuição de retribuição, a obrigatoriedade de prestação de serviço durante certo prazo, não superior a três anos, como compensação de despesas extraordinárias comprovadamente feitas pelo empregador na formação profissional do trabalhador, podendo este desobrigar-se restituindo a soma das importâncias despendidas.

2. Em caso de resolução do contrato de trabalho pelo trabalhador com justa causa ou quando, tendo sido declarado ilícito o despedimento, o trabalhador não opte pela reintegração, não existe a obrigação de restituir as somas referidas no número anterior.

---

[121] Preâmbulo do DL nº 47 032, de 27 de maio de 1966.
[122] Preâmbulo do DL nº 49 408, de 24 de novembro de 1969.

Em 2003, o Código do Trabalho é profundamente inovador na ordem jurídica nacional, na medida em que revê e unifica uma multiplicidade de leis que regulam a prestação do trabalho subordinado e as relações laborais.

Embora o Código do Trabalho de 2003 tenha acompanhado de perto a redação da LCT nesta matéria, introduziu, para o tema em análise, duas inovações importantes: por um lado, autonomizou, do ponto de vista sistemático, o pacto de permanência de outras cláusulas de limitação da liberdade de trabalho, nomeadamente o pacto de não concorrência e, por outro, substituiu a expressão: preparação profissional por formação profissional.

O Código do Trabalho de 2003 separa a proclamação do princípio da liberdade de trabalho do pacto de não concorrência, do pacto de permanência e dos acordos entre empregadores que são figuras que possuem entre si pouca conexão, nomeadamente quanto ao regime, objeto e fim que prosseguem.

Os diplomas anteriores agruparam as referidas figuras nos vários números dos respetivos artigos 36º, pelo que autonomização realizada pelo Código do Trabalho de 2003 constitui uma evolução sistemática positiva em relação ao pacto de permanência.

A substituição da expressão: preparação profissional por formação profissional visa uma harmonização terminológica e conceptual no ordenamento jurídico nacional.

No entanto, não acompanhamos a posição defendida por Maria do Rosário Palma Ramalho ao afirmar "julga-se que esta alteração foi para além do desígnio terminológico, reduzindo o âmbito de aplicação da norma, uma vez que o conceito de formação profissional é mais restrito que o conceito de preparação profissional"[123].

Com o código de 2003 abandonou-se a expressão preparação profissional adotando-se na área da formação a expressão formação profissional. Esta substituição visa unificar a terminologia e não alterar

---

[123] Maria do Rosário Palma Ramalho, cit., p. 212.

restringindo um sentido que se manteve idêntico desde o início da consagração da figura. Reitera-se, assim, que as expressões preparação e formação profissional são sinónimas tendo sido utilizadas nesse sentido pelo DL nº 47 032, de 27 de maio de 1966 sendo esse o sentido com que transitou para o DL nº 49 408, de 24 de novembro de 1969.

A evolução do regime do pacto de permanência prosseguiu com o Código do Trabalho de 2009 que manteve o tratamento autónomo conferido pelo Código do Trabalho de 2003 ao pacto de permanência.

O Código do Trabalho de 2009 dispõe, no art. 137º, sob a epígrafe "Pacto de permanência":

1. As partes podem convencionar que o trabalhador se obriga a não denunciar o contrato de trabalho, por um período não superior a três anos, como compensação ao empregador por despesas avultadas feitas com a sua formação profissional.

2. O trabalhador pode desobrigar-se do cumprimento do acordo previsto no número anterior mediante pagamento do montante correspondente às despesas nele referidas.

O legislador de 2009 dividiu em dois números o conteúdo do art. 147º, nº 1, do CT de 2003 e eliminou o disposto no art. 147º, nº 2, do mesmo diploma.

Verificou-se a preocupação de realizar acertos terminológicos tendo-se substituído a expressão: "obrigatoriedade de prestação de serviço durante certo prazo, não superior a três anos", consagrada desde a introdução da figura no nosso ordenamento em 1966, pela expressão "o trabalhador se obriga a não denunciar o contrato de trabalho, por um período não superior a três anos" que introduz rigor técnico-jurídico sem alterar o sentido e a essência da figura.

O legislador substituiu, ainda, a referência às "despesas extraordinárias comprovadamente feitas pelo empregador na formação profissional do trabalhador" pelas "despesas avultadas feitas com a sua formação profissional" cujo alcance, enquanto requisito da figura do pacto de permanência, será objeto de análise no próximo capítulo.

5. Pacto de permanência no direito comparado
No âmbito deste primeiro capítulo, em que se procurou realizar uma caracterização geral do pacto de permanência, não se poderá deixar de fazer uma sumária análise do tratamento da figura no direito comparado.

a) O pacto de permanência em Espanha
Em Espanha verifica-se uma consagração legal do pacto de permanência tal como se verifica em Portugal.

No ordenamento jurídico espanhol, o pacto de permanência passou a ser previsto em diploma legal pela da Lei 8/1980, também conhecida como Estatuto dos Trabalhadores (Estatuto de los trabajadores). Embora o pacto de permanência fosse utilizado e tivesse sido objeto de tratamento jurisprudencial em data anterior, foi a partir de 1980 que a figura passou a estar expressamente consagrada no direito do trabalho espanhol[124].

O art. 21º, nº 4, do Estatuto dos Trabalhadores estatui que sempre que um trabalhador recebe formação profissional, tendente à sua especialização, a cargo do empregador para colocar em marcha determinados projetos ou para realizar um trabalho especializado, as partes da relação laboral poderão acordar uma obrigação de permanência a qual terá, necessariamente, de ser sujeita à forma escrita e não poderá ter duração superior a dois anos. A lei estatui, ainda, que o não cumprimento da obrigação de permanência fará o trabalhador incorrer em responsabilidade pelos danos causados ao empregador[125].

Assim, no direito laboral espanhol, o pacto de permanência resulta de um encontro de vontades entre trabalhador e empregador. Terá que existir um fundamento que justifique a celebração do pacto de permanência que é a especialização profissional do trabalhador custeada pelo empregador. Tem que respeitar a forma escrita sob pena de nulidade, o que constitui uma formalidade *ad substantiam*, e deve ter uma duração definida que nunca poderá ser superior a dois anos.

---

[124] Nancy Sirvent Hernández, cit., p. 31.
[125] Alfredo Montoya Melgar, Derecho del trabajo, p. 325.

É entendimento comum no país vizinho que a especialização profissional do trabalhador em determinada área é o que fundamenta o pacto de permanência. Contrapondo-se a formação tendente à obtenção de determinada especialidade à formação profissional ordinária que será sempre exigível ao empregador por força do cumprimento dos seus deveres decorrentes do contrato de trabalho e que não permitirá fundar qualquer obrigação de permanência[126].

A doutrina espanhola tem entendido que a indemnização por não cumprimento da obrigação de permanência compreende o custo da formação em si e, bem assim, os danos que o abandono prematuro de funções por parte do trabalhador cause à empresa, recaindo sobre a mesma o ónus da prova[127].

b) O pacto de permanência em França
Em França são admitidas as cláusulas de permanência. As cláusulas de permanência têm sido utilizadas há várias décadas nas relações jurídico-laborais daquele país, dentro de estritos requisitos formais que têm sido definidos pela jurisprudência.

A jurisprudência francesa tem condicionado a validade das cláusulas de permanência a vários requisitos cumulativos que têm mantido estabilidade nas últimas décadas.

É necessário que o acordo que institui a obrigação de permanência seja celebrado, sob a forma escrita, antes do início da formação e que indique a data, a natureza, a duração da formação e o seu custo real para o empregador bem como o montante e condições em que o trabalhador terá que realizar a devolução das quantias gastas pelo empregador na sua formação[128].

---

[126] Neste sentido as seguintes decisões do Tribunal Supremo de Espanha: TS de 21/12/2000, proferido no processo 443/2000 e TS de 19/09/2011, proferido no processo 4677//2010.
[127] Carlos Molero Manglano, Manual de derecho del trabajo, p. 416.
[128] Decisão do Tribunal da Cassação de 04/02/2004, proferida no processo nº 01-43651 e de 02/03/2005, proferida no processo nº 02-47334.

A cláusula não será válida se não tiver sido realizado um investimento em formação traduzido num custo efetivo para o empregador com a formação profissional[129] ou o acordo não contiver qualquer informação sobre o custo real para o empregador da formação proporcionada ao trabalhador[130].

A obrigação de permanência deve constituir a contrapartida conferida ao empregador pelo facto deste ter assegurado a realização de formação cujo custo transcende o que é imposto por lei e pelos instrumentos de regulamentação coletiva do trabalho aplicáveis[131]. Em França, a obrigação de permanência pressupõe um especial investimento em formação que transcende aquela que é imposta por lei e pela regulamentação coletiva aplicável.

Não obstante a obrigação de permanência, o trabalhador mantém sempre a possibilidade de desvinculação do contrato de trabalho[132].

Não se verificando qualquer dos referidos pressupostos, que decorrem de um trabalho sistemático da jurisprudência francesa nas últimas décadas, o empregador não pode exigir ao trabalhador o reembolso das despesas realizadas em formação pois não estão reunidas as condições de validade da cláusula de permanência, não podendo a mesma operar.

c) O pacto de Permanência em Itália

Em Itália, a licitude do pacto de permanência foi questionada pela maioria da jurisprudência e da doutrina por constituir a tutela da parte forte da relação laboral configurando uma situação oposta aos fins do direito do trabalho que visa a tutela do trabalhador subordinado, considerada a parte fraca da relação de trabalho. Particularmente critico era o juízo que recaía sobre a validade da obrigação quando assumida

---

[129] Decisão do Tribunal da Cassação de 17/06/1998, proferida no processo nº 96-42570.
[130] Decisão do Tribunal da Cassação de 16/05/2007, proferida no processo nº 05-16647.
[131] Decisões do Tribunal da Cassação de 17/07/1991, proferida no processo nº 88-40201 e de 09/02/1994, proferida no processo nº 91-44644.
[132] Decisão do Tribunal da Cassação de 23/11/1983, proferida no processo nº 81-41607.

unilateralmente pelo trabalhador, pois tal era entendido como a constituição de uma obrigação contrária à tutela normativa do trabalhador, constante do ordenamento jurídico, em matéria de denuncia do contrato de trabalho[133].

Nos últimos anos, sobretudo a jurisprudência, tem-se aceitado a validade deste tipo de pactos. A alteração da posição, no sentido da respetiva aceitação, decorreu duma mudança de perspetiva relativamente à cláusula de permanência. Abandonou-se uma visão restritiva da cláusula de permanência que a reduzia a uma limitação à liberdade de denúncia do contrato de trabalho, pelo trabalhador, a qual é, por definição, livre, voluntária e unilateral, que entendia o pacto de permanência como um acordo sobre um direito indisponível e concluía pela nulidade desse acordo. Para se passar a considerar que a cláusula de permanência institui um período de duração mínima do vínculo laboral em que o trabalhador pode sempre denunciar o contrato de trabalho desde que pague o montante correspondente aos custos de formação.

A Secção Social do Tribunal da Cassação[134] decidiu pela validade do acordo que estipulou a permanência de um trabalhador na empresa, durante um período de quatro anos. Esse acordo celebrado entre um trabalhador que era piloto de linha área e a sua empregadora, companhia de aviação, visava proteger o investimento realizado pela companhia de aviação em formação do piloto tendo este frequentado um curso de especialização nos Estados Unidos da América cujo custo foi suportado pela empregadora. O tribunal considerou que o acordo visava proteger o investimento em formação e, não tendo recaído sobre direitos indisponíveis, era válido e eficaz.

Quanto à forma da cláusula de permanência, Carlo Zoli[135] defende a aplicação do princípio geral da liberdade de forma.

---

[133] Carlo Zoli, Clausole di fidelizzazione e rapporto di lavoro, p. 455.
[134] Decisão do Tribunal da Cassação de 07/09/2005, proferida no processo nº 17817.
[135] Ob. cit., p. 456.

d) O pacto de permanência na Alemanha

Na Alemanha não se verifica uma previsão legal relativamente ao pacto de permanência. No entanto, o pacto de permanência é utilizado nas relações laborais e tem tido reconhecimento jurisprudencial. O Tribunal Federal do Trabalho – Bundesarbeitsgericht – tem entendido que o empregador e o trabalhador podem acordar a obrigação do trabalhador devolver os custos da formação profissional caso a relação laboral cesse por vontade do trabalhador antes do decurso de determinado período de tempo.

No entanto, o referido tribunal tem entendido que estes acordos têm que ser submetidos ao crivo da razoabilidade. Não se verificará razoabilidade nas situações em que a cessação do vínculo decorra de situações que não se encontrem na disponibilidade do trabalhador e sejam impostas pela organização como acontece com as cessações de vínculo laboral inseridas em processos de reestruturação, nestes casos não operará a cláusula de permanência.

Na Alemanha, o pacto de permanência encontra-se sujeito ao princípio da liberdade de forma.

e) O pacto de permanência no Brasil

No Brasil, embora não se verifique a consagração legal da figura do pacto de permanência, a prática tem instituído a chamada cláusula de permanência no emprego que corresponde, na essência, ao pacto de permanência tal como se encontra consagrado no nosso ordenamento jurídico.

Há, contudo, doutrina que denomina a cláusula de permanência como "cláusula de duração mínima" e a reconduz, tal como acontece com frequência nos Estados Unidos da América, a uma forma de não concorrência[136].

---

[136] Sérgio Pinto Martins, Direito do Trabalho, p. 125 quando trata do tema relativo à cláusula de não concorrência expõe: "Na cláusula de duração mínima, o empregado faz um curso técnico, custeado pela empresa, e deve prestar serviços para o empregador por certo período. Não cumprida a obrigação, o empregado tem de indenizar o empregador.".

A doutrina e jurisprudência brasileiras discutem a validade da cláusula de permanência no emprego. Embora haja quem defenda a nulidade desta cláusula por contrariar o princípio da liberdade de trabalho consagrado no art. 5º, XIII, da Constituição Federal Brasileira de 1988, segundo o qual "é livre o exercício de qualquer trabalho, ofício ou profissão, atendidas as qualificações profissionais que a lei estabelecer", os princípios que estão na base destas cláusulas têm sido aceites remetendo-se para a análise jurisprudencial a validade em concreto de cada cláusula.

A jurisprudência brasileira tem-se pronunciado favoravelmente quanto aos princípios que justificam estas cláusulas[137].

O Tribunal Superior do Trabalho considerou válida a cláusula de permanência no emprego no caso em que o empregador suportou despesas com o curso de especialização de um funcionário concluindo ser "harmônica com a legislação vigente e com os princípios de Direito do Trabalho, da realidade e da boa-fé, a cláusula consubstanciando a obrigação de o empregado permanecer na empresa, por período limitado de tempo, após feitura de curso custeado por esta, ou de reembolsá-la das despesas realizadas, caso, em retornando à prestação de serviços, venha a decidir pela resilição do contrato de trabalho. O ato é jurídico e perfeito, valendo notar que interpretação

---

[137] O Tribunal Regional do Trabalho da 2ª Região de São Paulo em decisão proferida no processo RO 02071200506202005 aceita a validade da cláusula de permanência acordada como contrapartida do pagamento de um curso de web designer. Dispõe o referido arresto: "Hipótese em que a cláusula seria válida, se a permanência de dois anos fosse contada do início da pactuação. A limitação ao direito de resilir do empregado por mais dois anos, a partir do término do curso, sem estar ligado a um projeto em marcha ou a um trabalho específico ou sem a garantia de melhoria de condição de trabalho na empresa, é abusiva, e, neste sentido, viola os arts. 187 do NCC e o 468 da CLT. Como reforço exegético, podem ser citados o princípio do antropocentrismo (Convenção 142 e Recomendação 150 da OIT) segundo o qual, por decorrer da dignidade da pessoa humana, o eixo de todo o sistema de formação técnico-profissional é o trabalhador, e o Direito comparado Espanhol (art. 8º, CLT), afora os princípios da razoabilidade e da proporcionalidade.".

diversa implica em verdadeiro desestímulo aos avanços patronais no campo social"[138].

f) O pacto de permanência nos Estados Unidos da América
Nos Estados Unidos da América, há uma tradição de utilização de cláusulas de não concorrência com uma forma distinta e com maior amplitude relativamente ao que se passa ente nós. Embora as cláusulas limitadoras da liberdade de trabalho sejam olhadas com desconfiança e de forma critica pelos tribunais norte americanos, há uma tradição de utilização das cláusulas de não concorrência para prevenir denúncias do contrato de trabalho.

No entanto, a desadequação dos contratos de não concorrência para garantir a defesa do investimento em formação e a crescente necessidade, sentida nos Estados Unidos da América, de proteção desse investimento levou a que se desenvolvessem específicos acordos de proteção do investimento em formação que constituem figuras semelhantes aos pactos de permanência.

Ao contrário do que acontece com os pactos de não concorrência, as cláusulas de permanência permitem estabelecer uma ligação entre a limitação de desvinculação e o custo da formação.

Nos Estados Unidos da América, a obrigação de permanência é constituída por contrato ou por Instrumento de Regulamentação Coletiva de Trabalho.

Na cidade de Oakland, no Estado da Califórnia, a polícia exige aos agentes que voluntariamente abandonem a carreira, antes de terem completado cinco anos de serviço, o pagamento proporcional dos custos suportados com o treino dos agentes na academia de polícia. Esta regra foi instituída por um Instrumento de Regulamentação Coletiva de Trabalho celebrado entre o departamento de polícia da cidade de Oakland e o sindicato de polícia.

---

[138] TST – RR 103.913/94.3 – Ac. 6.194/94 – 1ª T. – rel. min. Ursulino Santos – DJU 10.02.1995.

No litígio Gordon v. City of Oakland[139], um agente abandonou a força policial após dois anos de serviço tendo sido condenado a restituir parte proporcional dos custos de formação incorridos pela sua empregadora na respetiva formação na academia de polícia.

No município de Two Rivers, no Estado do Wisconsin, foi celebrado um Instrumento de Regulamentação Coletiva de Trabalho entre o município e o sindicato dos bombeiros tendo sido acordado que os bombeiros que realizassem formação paramédica certificada obteriam um aumento de 3% no seu vencimento. Contudo, se qualquer bombeiro, que tivesse beneficiado dessa formação profissional, decidisse abandonar o corpo de bombeiros antes do decurso de um período de três anos subsequente à sua realização, teria de devolver o custo da formação pago pelo município.

No litígio J. Heder v. City of Two Rivers[140], o tribunal considerou o acordo de permanência celebrado entre o município e o sindicato dos bombeiros válido, tendo entendido que o mesmo não continha qualquer obrigação de não concorrência na medida em que a restrição à denúncia do contrato trabalho se impunha independentemente da decisão do trabalhador prosseguir a sua atividade junto de outro empregador, regressar ao sistema de ensino ou reformar-se.

O tribunal de recurso considerou que a denúncia do contrato de trabalho, pelo trabalhador, dois anos e meio após a formação teve como consequência a obrigação deste devolver o montante correspondente ao custo da formação.

A análise do direito comparado permite concluir no sentido de que as cláusulas de permanência são amplamente utilizadas nos vários ordenamentos jurídicos estudados, os quais pertencem a vários sistemas jurídicos.

Na maioria das situações verificadas, o pacto de permanência não encontra uma previsão normativa expressa, resultando o seu desenvol-

---

[139] Decisão proferida pelo Ninth Circuit Court of Appeals de 19/11/2010.
[140] Decisão proferida pelo Seventh Circuit's Court of Appeals de 10/07/2010.

vimento do labor jurisprudencial impulsionado pela necessidade dos empregadores que utilizam as cláusulas de permanência para proteção do seu investimento em formação.

No que respeita à forma, a análise da figura nos vários ordenamentos, permite constatar que não existe uma solução uniforme, embora na maioria dos ordenamentos analisados a forma escrita constitua um pressuposto de validade da obrigação de permanência, seja porque tal requisito é imposto por lei, no caso de Espanha, seja porque é proclamado como tal pela jurisprudência, no caso de França, ou porque decorre da circunstância de ser constituído por contrato ou por Instrumento de Regulamentação Coletiva, na situação dos Estados Unidos da América.

Capítulo II
Regime jurídico do pacto de permanência

Secção I
Celebração do pacto de permanência

1. Momento da celebração do pacto de permanência
É relevante analisar o momento de celebração do pacto de permanência, enquanto figura jurídico-laboral, na perspetiva da sua relação com a celebração e produção de efeitos do contrato de trabalho.

O pacto de permanência pode ser celebrado em momento anterior, simultâneo ou subsequente ao da celebração do contrato de trabalho.

Vejamos em que circunstâncias a celebração de um pacto de permanência pode ocorrer em momento anterior à celebração do vínculo laboral.

A cláusula de permanência pode ser prevista numa promessa de contrato de trabalho (art. 103º, do CT) ou num instrumento contratual prévio, sujeito ou não a forma escrita, que contemple a obrigação de permanência, nomeadamente um acordo de formação profissional.

Optando as partes por celebrar uma promessa de contrato de trabalho nele incluindo uma obrigação de permanência, a mesma será reduzida a escrito por força da maior exigência de forma que a lei impõe à promessa de trabalho relativamente ao contrato prometido.

O candidato e o empregador podem acordar em momento prévio à celebração do contrato de trabalho a necessidade de realizar despesas avultadas em formação profissional para habilitar o trabalhador ao exercício das funções para as quais irá ser contratado ficando esse investimento em formação salvaguardado através da celebração de uma obrigação de permanência.

A lei não impõe que, nestas circunstâncias, a obrigação deva obedecer a particulares critérios de forma, vigorando o princípio do consensualismo.

O pacto de permanência enquanto cláusula acessória típica pode ser celebrado pelas partes em momento prévio ao contrato de trabalho do qual depende.

A obrigação de permanência pressupõe a existência de um contrato de trabalho, contudo a celebração do pacto de permanência pode ocorrer em momento anterior ao vínculo laboral. Nesta situação, a cláusula de permanência produz efeitos durante a execução do contrato de trabalho[141] e verificando-se os pressupostos constantes no art. 137º, do Código do Trabalho.

Assim, o pacto de permanência celebrado anteriormente à verificação dos respetivos pressupostos está dependente da celebração do contrato de trabalho e fica sujeito a uma condição ou termo suspensivo, na medida em que os seus efeitos ficam dependentes de um acontecimento futuro e incerto ou certo: a realização de despesas avultadas em formação profissional do trabalhador (art. 270º, 1ª parte e art. 278º ambos do CC).

O Tribunal da Relação de Évora[142] considerou válido um pacto de permanência que integrou um contrato de trabalho celebrado após o termo da uma formação e que estipulava a obrigação de permanência fundada na formação ministrada quando não existia vínculo laboral entre as partes. O Tribunal considerou existir um inequívoco "nexo

---

[141] No mesmo sentido, o Ac. RL de 27-10-2010 proferido no processo 2779/07.0TTLSB.L1-4 e disponível em *http://www.dgsi.pt* declarou que "o pacto de permanência é uma obrigação cuja vigência depende da celebração do contrato de trabalho prometido.".

[142] O Ac. RE de 24-11-2009 proferido no processo 832/08.1TTSTB.E1 e disponível em *http://www.dgsi.pt*.

causal, de absoluta complementaridade" entre a formação ministrada e o contrato de trabalho que, subsequentemente, se estabeleceu entre as partes.

Neste caso concreto, o pacto de permanência não é válido. Um dos requisitos do pacto de permanência é a realização pelo empregador de despesas avultadas com a formação profissional do trabalhador. A formação profissional elegível para efeitos de pacto de permanência é a formação realizada no âmbito do contrato de trabalho. Não se verifica um dos requisitos de que depende a validade desta figura.

O pacto de permanência celebrado nas referidas circunstâncias não poderia produzir efeitos por preterição de um requisito essencial[143].

É possível celebrar um pacto de permanência válido em data anterior ao vínculo laboral para que o mesmo produza efeitos durante o vínculo laboral verificando-se os seus pressupostos na pendência do contrato de trabalho, não sendo possível celebrar um pacto de permanência durante a vigência do contrato de trabalho pretendendo que o mesmo produza efeitos com fundamento em formação realizada em momento anterior ao vínculo laboral.

A contratação de determinado trabalhador pode ficar dependente da conclusão com sucesso de formação profissional mas esse facto não permite que o futuro empregador aplique a figura do pacto de permanência que pressupõe formação realizada durante a relação laboral.

O pacto de permanência pode integrar *ab initio* o contrato de trabalho. O pacto de permanência pode integrar diretamente o contrato de trabalho ou constar de um instrumento autónomo, sujeito ou não a forma escrita, celebrado em simultâneo com o contrato de trabalho.

---

[143] Contra esta tese, vide o Ac. RL de 21/06/1995 que admite a aplicação da figura do pacto de permanência fora da relação laboral no âmbito de um contrato de formação nos seguintes termos: "E, se nos próprios contratos de trabalho são válidas tais estipulações, parece-nos que nada impede que as mesmas sejam estabelecidas em tais contratos de mera formação".

Quer o pacto de permanência integre um contrato de trabalho que produza imediatamente efeitos entre as partes quer resulte de um acordo autónomo celebrado simultaneamente, a aplicabilidade da obrigação de permanência dependerá da verificação dos respetivos requisitos.

Contudo, o pacto de permanência pode constar de um contrato de trabalho cujos efeitos fiquem sujeitos a condição ou termo suspensivo (art. 135º, do CT).

As partes podem prever a obrigação de permanência num contrato de trabalho que fica sujeito a condição ou termo suspensivo nos termos gerais. Nestes casos, a obrigação de permanência necessita, para ser aplicada, que, previamente à verificação dos respetivos requisitos, se verifique a condição ou o termo suspensivo do qual o contrato de trabalho se encontra dependente. Quando a cláusula de permanência integrar um contrato de trabalho sujeito a condição ou termo suspensivo seguirá, necessariamente, a forma escrita (art. 135º, do CT) pois não terá autonomia relativamente ao mesmo.

As partes poderão instituir o pacto de permanência, em momento subsequente ao início do contrato de trabalho, durante a respetiva execução, nomeadamente em função do plano de formação da organização ou do plano de desenvolvimento de determinado trabalhador.

Embora uma ação de formação profissional apenas possa fundamentar a celebração de um pacto de permanência, nada impede que as partes ao longo da execução do contrato de trabalho celebrem vários pactos de permanência à medida que se forem sucedendo as ações de formação suscetíveis de fundar a celebração de novos pactos.

Independentemente do momento da previsão da cláusula de permanência, para que a mesma produza efeitos é determinante a verificação dos respetivos requisitos, até esse momento a obrigação de permanência não produz efeitos.

Pacto de permanência	Celebrado antes do contrato de trabalho entre o candidato e o futuro empregador através de contrato promessa de contrato de trabalho (art. 103º, do CT) ou de outro instrumento contratual prévio ao contrato de trabalho sujeito ou não a forma escrita.
	Celebrado na data em que se celebra o contrato de trabalho entre o candidato/trabalhador e o empregador podendo, ou não, integrar o contrato de trabalho.
	Celebrado após o início de vigência do contrato de trabalho entre o trabalhador e o empregador.

Quadro 2 – *Momentos de Celebração do Pacto de Permanência*

2. Os sujeitos do pacto de permanência

Quanto aos sujeitos da obrigação de permanência, a regra é a de que quem celebra o contrato de trabalho pode celebrar o pacto de permanência, pelo que empregador e trabalhador são as partes neste acordo.

Contudo, as partes no pacto de permanência podem não ser, ainda, o empregador e o trabalhador quando a celebração do pacto de permanência ocorra em momento anterior ao da celebração do vínculo laboral. Nestas circunstâncias, o pacto de permanência é celebrado entre a organização e o candidato.

Trata-se, na esmagadora maioria das vezes, de um pacto entre empregador e trabalhador individualmente considerados. O caráter individual da decisão do trabalhador se vincular ao pacto de permanência decorre da própria natureza da cláusula de permanência, inserida ou não num contrato de trabalho, e do teor literal do art. 137º, nº 1, do CT que refere expressamente como partes o trabalhador e o empregador.

Ao contrário do que ocorre nos Estados Unidos da América onde são comuns as cláusulas de permanência que decorrem da negociação entre empregadores e sindicatos, entre nós não é possível consagrar um pacto de permanência num instrumento de regulamentação coletiva de trabalho.

Os instrumentos de regulamentação coletiva não podem consagrar a obrigatoriedade de vigência de um pacto de permanência, verificados determinados pressupostos, pois a restrição do direito fundamental liberdade de trabalho (art. 47º, da CRP) não pode ser feita fora da esfera individual do trabalhador. A restrição do direito fundamental não pode ser realizada pelos representantes dos trabalhadores mas, exclusivamente, pelos próprios titulares do direito fundamental restringido. O pacto de permanência não tem eficácia se não for objeto de acordo entre empregador e trabalhador ou candidato.

Questão que não se afigura tão linear será a celebração de um pacto de permanência em que o credor não seja um mas vários empregadores entre os quais se verifique uma relação societária de participações recíprocas, de domínio ou de grupo, ou que tenham estruturas organizativas comuns.

Tendo sido celebrado um contrato de trabalho e o respetivo pacto de permanência com uma pluralidade de empregadores todos serão solidariamente responsáveis pelo cumprimento das obrigações decorrentes desse contrato de trabalho[144], nomeadamente o dever de formação, e serão credores em igual medida da prestação de trabalho e da obrigação de permanência nos termos do disposto no art. 101º, do CT.

Não existindo pacto de permanência reduzido a escrito, um trabalhador que desenvolva a sua atividade no seio de organizações com relação societária de participações recíprocas, de domínio ou de grupo, ou que tenham estruturas organizativas comuns e que tenha assumido um compromisso de permanência é responsável perante qualquer das empresas.

No que concerne ao direito-dever de formação, há uma reciprocidade na relação entre empregadores e trabalhador. O trabalhador

---

[144] Segundo Joana Vasconcelos "Esta responsabilidade solidária é inerente à qualidade de coempregador, pelo que envolve todos os outorgantes do contrato de trabalho e respeita a obrigações dele emergentes de que sejam credores, seja o trabalhador (retribuição), sejam terceiros (segurança social, IRS)." (Contrato de trabalho com pluralidade de empregadores, RDES, 2005, nº 2-3-4, p. 296).

poderá exigir a qualquer dos empregadores o cumprimento do dever de formação profissional e, do mesmo modo, verificados os pressupostos da obrigação de permanência, qualquer dos empregadores poderá exigir o cumprimento da permanência, ainda que apenas uma das empresas do grupo ministre formação e/ou assuma o custo da mesma, esse facto aproveita a todas.

Nestas circunstâncias, a opção legal pela liberdade de forma aplicada à obrigação de permanência surge, mais uma vez, como uma limitação à segurança jurídica das partes.

O termo do vínculo mantido entre o trabalhador e algum, alguns ou todos os empregadores na situação de pluriemprego não faz cessar a responsabilidade solidária existente entre os empregadores nesta situação, a qual se mantém em relação às obrigações nascidas durante o período em que a relação de pluriemprego se encontrava constituída[145]. Entre essas obrigações encontra-se o direito do trabalhador receber a retribuição correspondente ao número mínimo anual de horas de formação que não lhe tenha sido proporcionado, ou ao crédito de horas para formação de que seja titular à data da cessação do contrato de trabalho nos termos do disposto no art. 134º do Código do Trabalho.

3. Efeitos do pacto de permanência e os limites da boa fé
O pacto de permanência consiste numa limitação voluntária do trabalhador ao seu direito de denúncia do contrato de trabalho.

A denúncia do contrato de trabalho é livre por parte do trabalhador sem necessidade de requisitos particulares para além do cumprimento do aviso prévio.

O direito de denúncia *ad nutum* é o corolário da liberdade fundamental de trabalho e livre escolha de profissão e, bem assim, do caráter voluntário da prestação de trabalho.

Enquanto vigorar o pacto de permanência, o trabalhador renuncia à possibilidade de denúncia *ad nutum* do seu contrato de trabalho.

---

[145] Joana Vasconcelos, cit., p. 298.

O objeto da obrigação de permanência, enquanto obrigação de facto negativo, é a omissão da denúncia do contrato de trabalho.

Todavia, o trabalhador não renuncia ou afasta a possibilidade de resolução do contrato de trabalho com fundamento em justa causa verificando-se qualquer das situações previstas no art. 394º do Código do Trabalho ou enquadráveis na respetiva previsão. Caso o pacto de permanência celebrado pretenda instituir uma obrigação de permanência que afaste a possibilidade de resolução do contrato de trabalho por parte do trabalhador, esse acordo deve ser considerado, nessa parte, nulo (art. 292º, do CC e art. 121º, do CT).

O art. 137º do Código do Trabalho gera uma obrigação de permanência em funções do trabalhador que o celebrou. A denúncia do contrato de trabalho que é, por definição, um negócio unilateral dependente da vontade do trabalhador deixa, em princípio, de poder ser exercida enquanto durar o pacto de permanência.

O compromisso do trabalhador consiste em não denunciar sem causa a relação laboral que o une ao empregador, mas se ocorre uma justa causa prevista no art. 394º do Código do Trabalho então o regime da resolução do contrato de trabalho pelo trabalhador é plenamente aplicável.

a) Período experimental

Durante o período experimental a situação apresenta contornos um pouco mais complexos.

O pacto de permanência não está sujeito a forma escrita, pelo que esse acordo pode ser validamente celebrado sem ser reduzido a escrito (art. 137º, do CT).

O art. 111º, nº 3, do Código do Trabalho estatui que o período experimental é suscetível de ser excluído por acordo escrito entre trabalhador e empregador. Por outro lado, o art. 114º, nº 1, do Código do Trabalho diz que, salvo se existir acordo escrito em contrário, durante o período experimental as partes podem denunciar o contrato de trabalho sem aviso prévio, invocação de justa causa, nem direito a indemnização.

Como conjugar o disposto no art. 137º do Código do Trabalho com o constante no art. 111º, nº 3 e art. 114º, nº 1 do mesmo diploma?

A obrigação de permanência, se pactuada no início do vínculo laboral concorrerá temporalmente com o período experimental.

Se o pacto de permanência for reduzido a escrito constituirá inequivocamente uma exclusão do período experimental, afastando-o. Nestas circunstâncias não se colocará qualquer questão na medida em que sendo cumprido o formalismo da redução a escrito o pacto de permanência estará em consonância com a imposição contida nos art. 111º, nº 3 e art. 114º, nº 1, do Código do Trabalho.

A questão coloca-se com interesse quando o pacto de permanência não seja reduzido a escrito. Nestes casos, o trabalhador pode fazer cessar o contrato durante o período experimental invocando não ter o empregador direito a indemnização por aplicação do disposto no art. 114º, nº 1, *in fine* do Código do Trabalho?

A resposta não pode deixar de ser negativa.

Se por um lado, a obrigação de permanência e o período experimental podem ser temporalmente coincidentes, a verdade é que o art. 137º, o art. 111º, nº 3 e o art. 114º, nº 1, todos do Código do Trabalho, têm objetos distintos.

O art. 137º do Código do Trabalho afasta o direito de denúncia do contrato de trabalho quer o contrato de trabalho se encontre ou não no período experimental.

O art. 114º do Código do Trabalho qualifica como denúncia a cessação do contrato de trabalho operada durante o período experimental. Como sublinha Tatiana Guerra de Almeida, o Código do Trabalho qualifica "as faculdades extintivas do contrato de trabalho durante o período experimental como denúncia"[146].

Se o trabalhador se obriga a não denunciar o contrato de trabalho e depois o denuncia invocando o art. 114º do Código do Trabalho pratica dois atos jurídicos que, diferidos no tempo e isoladamente considerados, são lícitos mas que se opõem e estão em contradição entre si. Este comportamento, sucessivo e contraditório, configura uma situação típica abusiva denominada *venire contra factum proprium*.

---

[146] Tatiana Guerra de Almeida, Do período experimental no contrato de trabalho, p. 159.

Menezes Cordeiro analisa a figura nos seguintes termos: "Estruturalmente, o *venire* postula duas condutas da mesma pessoa, lícitas em si, mas diferidas no tempo. Só que a primeira – o *factum proprium* – é contraditada pela segunda – o *venire*. O óbice que justifica a intervenção do sistema residiria na relação de oposição que, entre ambas, se possa verificar"[147].

A denúncia do contrato de trabalho invocando que o mesmo se encontra no período experimental e a inexistência de convenção escrita que afaste essa mesma possibilidade de denúncia exigida pelo art. 114º, nº 1, do Código do Trabalho após a celebração de um pacto de permanência não reduzido a escrito constitui um comportamento violador do disposto no art. 126º, nº 1, do Código do Trabalho o qual impõe que o trabalhador deve proceder de boa fé no exercício dos seus direitos e no cumprimento das suas obrigações.

Nestas circunstâncias, a decisão do trabalhador de denúncia do seu contrato de trabalho indicando encontrar-se o mesmo no período experimental com invocação – expressa ou tácita – do incumprimento do formalismo exigido no art. 114º, nº 1, do Código do Trabalho excederia manifestamente os limites impostos pela boa fé, pelos bons costumes ou pelo fim social ou económico desse direito atuando em claro abuso de direito (art. 334º, do CC).

Situação distinta ocorre sempre que, entre as mesmas partes, um contrato de trabalho suceder a um contrato de formação profissional. Nestas circunstâncias, o período experimental inicia-se com a vigência do contrato de trabalho[148], não sendo considerado para efeitos de contagem de período experimental a formação realizada antes da vigência do vínculo laboral[149].

---

[147] Menezes Cordeiro, Do abuso do direito: Estado das questões e perspetivas, ROA Ano 65, setembro 2005, p. 349.

[148] No mesmo sentido Ac. STJ de 13-03-2002 proferido no processo (02S2672) e Ac. STJ de 09-04-2003 proferido no processo (03S2424) e disponíveis em *http://www.dgsi.pt*.

[149] Ac. STJ de 16-11-2010 proferido no processo nº 832/08.1TTSTB.E1.S1 e disponível em *http://www.dgsi.pt*.

b) Incapacidade superveniente

A impossibilidade superveniente, absoluta e definitiva do trabalhador para prestar o seu trabalho, nas situações em que se mantém o vínculo laboral, ou para desempenhar as funções para as quais recebeu formação, nomeadamente devido a um acidente de trabalho ou a uma doença profissional, tem reflexos nos efeitos do pacto de permanência na medida em que o trabalhador passa a desempenhar funções para as quais não aproveita a formação profissional recebida.

Nestas circunstâncias, em que o trabalhador não irá realizar as funções que desempenhava ou para as quais recebeu formação profissional e que justificaram o investimento em formação, não há efeito útil na manutenção de uma obrigação de permanência não sendo exigível a manutenção da obrigação por força do princípio da boa fé constante do art. 126º, nº 1, do Código do Trabalho.

Nas situações em que o trabalhador não exercerá as funções para as quais recebeu formação e que fundamentam o pacto de permanência, a compressão do direito fundamental liberdade de escolha de profissão, consagrado no art. 47º, da Constituição da República Portuguesa e que é um preceito diretamente aplicável, não pode manter-se sob pena de violação da norma constitucional.

c) Renúncia tácita à permanência

A impossibilidade do empregador receber a prestação laboral do trabalhador onerado com a obrigação de permanência, nomeadamente por encerramento de departamento, secção ou de unidade de negócio onde o trabalhador estivesse inserido, mantendo o vínculo com o empregador noutras funções, influencia a obrigação de permanência.

O objetivo da cláusula de permanência apenas se atinge se o trabalhador desempenhar funções que correspondam à formação profissional de que foi beneficiário. A partir do momento em que o trabalhador passe a exercer funções sem qualquer conexão com a formação profissional que fundamenta o pacto de permanência e se torna certo que não existe possibilidade ou intenção que retome aquelas funções, a obrigação de permanência deixa de poder ser exigida pelo empregador. Não há motivo para reter um trabalhador numa empresa quando o mesmo possui conhecimentos, adquiridos através da frequência de ações de formação profissional, que podem ser aplicados em prol de outras organizações e particularmente em prol da sua evolução profissional, se esses conhecimentos não estiverem a ser utilizados para o desempenho das suas funções.

A permanência na organização, verificados os pressupostos do pacto de permanência, não constitui um valor absoluto que se imponha independentemente da concreta atividade desenvolvida pelo trabalhador. A cláusula de permanência não visa apenas a manutenção do vínculo contratual laboral mas, principalmente, que através deste se assegure uma estabilidade no desempenho das funções para as quais o empregador realizou avultadas despesas em formação profissional.

O pacto de permanência existe e deve ser utilizado para a proteção de legítimos interesses e expectativas da organização que beneficia devendo este critério ser utilizado para determinar se, em concreto, a obrigação de permanência satisfaz o interesse da organização que subjaz ao regime do pacto de permanência ou se, pelo contrário, se verificou uma renuncia tácita a essa obrigação de permanência por parte do empregador traduzida na circunstância do trabalhador não se encontrar a realizar, nem venha a realizar até ao termo do período de permanência, funções objeto da formação profissional que fundamenta o pacto de permanência.

Só faz sentido impor uma limitação à liberdade de trabalho do trabalhador sendo-lhe permitido, não obstante, desenvolver a atividade na área onde foi formado. Se tal não lhe for permitido ou não for possível, sendo previsível que essa impossibilidade se manterá até ao termo do período de permanência, seria inconstitucional manter o trabalhador nessas circunstâncias nos termos do disposto no art. 47º, da Constituição da República portuguesa que consagra "no quadro dos direitos, liberdades e garantias, num preceito diretamente aplicável e que vincula quer as entidades públicas quer as entidades privadas, a liberdade de escolha – e de exercício – de profissão ou de género de trabalho"[150].

---

[150] Jorge Miranda e Rui Medeiros, cit., p. 588.

Todo o comportamento do empregador que vise a manutenção da cláusula de permanência nestas circunstâncias terá que ser qualificada como abuso de direito e violador do princípio da boa fé, nomeadamente da norma prevista no art. 126º, nº 1, do CT que estatui que "o empregador e o trabalhador devem proceder de boa fé no exercício dos seus direitos e no cumprimento das respetivas obrigações". O empregador, enquanto credor da obrigação de permanência, no exercício do seu direito deve proceder de boa fé.

Haverá abuso de direito e exercício ilegítimo do mesmo nos termos do disposto no art. 334º, do Código Civil quando o titular do direito exceda manifestamente os limites impostos pela boa fé, pelos bons costumes ou pelo fim social ou económico do mesmo. No caso concreto, o abuso traduzir-se-á na pretensão de manutenção da obrigação de permanência sem conferir ao trabalhador a ocupação efetiva na atividade que decorre da aplicação da formação profissional que fundamenta essa mesma permanência.

Secção II
Requisitos do pacto de permanência

O pacto de permanência limita a liberdade de desvinculação do trabalhador constituindo uma exceção ao princípio constitucional da liberdade de trabalho (art. 47º, da CRP). Como exceção a um princípio constitucional a lei admite-o em termos restritos, ou seja, desde que verificados os requisitos constantes da lei, máxime do art. 137º do Código do Trabalho.

Importa agora analisar os requisitos gerais e os requisitos especiais do pacto de permanência.

Subsecção I
Requisitos gerais

Os requisitos gerais são os elementos essenciais a qualquer negócio jurídico e que o pacto de permanência tem de cumprir para ser válido. Traduzem-se nos requisitos impostos pela lei civil e nos requisitos de forma decorrentes da legislação laboral.

1. Requisitos impostos pela lei civil (Remissão)

O pacto de permanência enquanto acordo decorrente da autonomia da vontade das partes está genericamente sujeito aos requisitos que no direito civil se estabelecem para a celebração e perfeição dos negócios jurídicos, em particular as normas que asseguram a voluntariedade da celebração desta obrigação.

Entre as matérias reguladas pelo direito civil diretamente aplicáveis e com relevância para o pacto de permanência cumpre destacar o regime das incapacidades (arts. 122º e segs., do CC), da declaração negocial (arts. 217º e segs., do CC), da falta e vícios da vontade (arts. 240º e segs., do CC) e da representação (arts. 258º e segs., do CC) que, embora aplicáveis em todas as situações de celebração de pactos de permanência podem revelar-se particularmente úteis nas situações que envolvam trabalhador menor, trabalhador com capacidade de trabalho reduzida ou trabalhador com deficiência ou doença crónica.

2. Forma

Em rigor, a forma não constitui um requisito diretamente imposto pelo regime do pacto de permanência e as questões de forma resultam, fundamentalmente, da inserção da cláusula de permanência em instrumentos contratuais de que a lei faz depender a respetiva validade de forma escrita.

O pacto de permanência não está sujeito a forma escrita, vigorando, no que respeita à sua celebração, o princípio de liberdade de forma.

A não sujeição do pacto de permanência a forma escrita constituiu uma opção do legislador desde a consagração da figura no ordenamento jurídico-laboral português.

A questão da forma do pacto de permanência não tem um tratamento idêntico nos vários ordenamentos, como vimos quando analisámos a figura no direito comparado. Existem opções legislativas que submetem o pacto de permanência ao princípio do consensualismo e aquelas que impõem a forma escrita. No ordenamento jurídico espanhol, que, tal como o português, consagrou legalmente a figura, o pacto de permanência encontra-se sujeito a forma escrita constituindo uma formalidade *ad substantiam*[151].

A reiterada opção legislativa nacional de não exigência de forma escrita para o pacto de permanência apresenta vários inconvenientes.

Por um lado, a não exigência de forma escrita coloca evidentes dificuldades[152], quer quanto à prova da efetiva celebração pelas partes de um pacto de permanência, quer quanto ao conteúdo desse mesmo acordo o que é suscetível de gerar insegurança nas relações jurídicas laborais e desconfiança quanto à eficácia da figura, pelo menos, quando a cláusula não seja reduzida a escrito[153].

---

[151] O art. 21º, nº 4, do *Estatuto de los trabajadores* (Lei 8/1980) estatui, desde a sua redação originária, que o pacto de permanência está sujeito a forma escrita.
[152] Exemplo de uma dificuldade que a opção adotada de liberdade de forma coloca é denúncia durante o período experimental não estando o pacto de permanência reduzido a escrito.
[153] As partes podem recorrer a qualquer meio de prova suscetível de confirmar a celebração e o teor do pacto de permanência (arts. 341º e segs., do CC) nomeadamente a documental (art. 362º, do CC), em que as mensagens de correio eletrónico têm crescente

A forma escrita confere publicidade ao acordo das partes e implica uma maior reflexão das mesmas quanto ao acordo que pretenderam celebrar.

Neste contexto, as palavras de Inocêncio Galvão Telles assumem particular precisão quando refere: "a incorporação da declaração de vontade num documento tem grandes vantagens. Facilita a prova; a declaração ganha estabilidade, podendo o caráter fugaz e passageiro das declarações verbais (*verba volant, cripta manent*), e ao mesmo tempo adquire precisão e clareza, e nitidamente se diferencia das simples negociações preliminares. Além disso, a necessidade de redigir o documento (...) dá tempo para reflexão maior, obriga a ponderar melhor os prós e os contras do ato que se pensa celebrar (...) Finalmente, a elaboração de um escrito, (...) imprime ao ato certa publicidade, tornando-o conhecido ou suscetível de ser conhecido de pessoas legitimamente interessadas em saber da sua existência e do seu conteúdo, e subtraindo-o pois a um secretismos inconveniente."[154].

Por outro lado, pode mesmo constatar-se a existência "de um vetor juslaboral que implica a forma escrita para estabelecer situações que enfraqueçam a posição dos trabalhadores"[155] que não foi seguido pelo legislador no regime do pacto de permanência. Na mesma linha e sublinhando a importância para o direito do trabalho das exceções e desvios ao princípio geral da liberdade de forma, Maria do Rosário Palma Ramalho equaciona poder reconhecer-se "um princípio laboral específico em matéria de forma que constitua uma exceção ao princípio geral do consensualismo."[156].

Por fim e mais importante, na medida em que o pacto de permanência constitui uma limitação voluntária ao princípio constitucional da

---

uso decorrente da generalização deste meio de comunicação, e a testemunhal (art. 392º, do CC).
[154] Inocêncio Galvão Telles, Manual dos Contratos em Geral, pp. 138 e 139.
[155] António Menezes Cordeiro, Manual de Direito do Trabalho, p. 587.
[156] Maria do Rosário Palma Ramalho, Da Autonomia Dogmática do Direito do Trabalho, p. 977.

livre escolha de profissão, restringindo essa mesma liberdade durante determinado período de tempo, e visa defender interesses do empregador, deveria ser facilmente sindicável, quer pelo serviço com competência inspetiva pelas condições de trabalho e cumprimento da lei do trabalho nas relações laborais, quer pelos Tribunais. A eficácia desse controlo apenas poderá ser alcançada com a redução a escrito da obrigação de permanência.

Diferente e mais coerente com o supra exposto foi a opção legislativa relativamente à outra cláusula limitadora da liberdade de trabalho prevista no Código do Trabalho – o pacto de não concorrência – que tem que constar de acordo escrito (art. 136º, nº 2, alínea a), do CT) sendo esta uma formalidade *ad substantiam*[157].

Esta deveria ter sido a opção do legislador para o pacto de permanência. As razões expostas, que se reconduzem à proteção do trabalhador, certeza e segurança jurídica, impõem essa solução à semelhança do que se passa no ordenamento jurídico espanhol desde a consagração da figura.

Constituindo o pacto de permanência uma cláusula acessória do contrato de trabalho, independentemente de, relativamente ao vínculo laboral, poder ser prévia, simultânea ou subsequentemente acordada pelas partes, tem de seguir as exigências de forma legalmente fixadas para o instrumento contratual onde essa cláusula está integrada.

Assim, sempre que o pacto de permanência seja celebrado antes da existência de contrato de trabalho e integre uma promessa de trabalho ou um contrato de trabalho sujeito a condição ou termo suspensivo terá que ter a forma escrita na medida em que estes instrumentos contratuais se encontram sujeitos à forma escrita.

Precedendo o início do vínculo laboral, o empregador e o trabalhador podem celebrar um contrato promessa de trabalho visando a cele-

---

[157] As demais cláusulas acessórias previstas no art. 135º do CT – condição e termo suspensivo – também se encontram sujeitas à forma escrita.

bração de um futuro contrato de trabalho e funcionando a promessa como segurança e garantia da celebração desse futuro vínculo laboral entre as partes.

No direito do trabalho a regra quanto à forma do contrato promessa é diferente da que existe em direito civil, exigindo-se a forma escrita (art. 103º, nº 1, do CT) mesmo que o contrato definitivo de trabalho não esteja sujeito a essa forma (art. 110º, do CT)[158].

A consagração de um pacto de permanência na promessa de trabalho, por natureza, ficará dependente, para além da celebração do contrato de trabalho definitivo, da verificação do requisito essencial que consiste na realização, pelo empregador, de despesas avultadas com a formação profissional do trabalhador.

O diferimento para momento subsequente à sua conclusão dos efeitos do pacto de permanência celebrado antes do vínculo laboral ao qual foi aposta uma condição ou termo suspensivo está sujeito à observância de forma escrita nos termos do disposto no art. 135º, do Código do Trabalho.

Se o pacto de permanência integrar *ab initio* o contrato de trabalho relativamente ao qual a lei imponha a observância de forma especial, o pacto de permanência irá seguir, à partida e em consequência, essa forma[159]. Só assim não será se as partes autonomizarem o pacto de permanência do formalismo contratual imposto por lei para o contrato de trabalho e celebrarem o pacto de permanência fora desse instrumento contratual não havendo, neste caso, necessidade de observância da forma escrita.

É possível que as partes celebrem um contrato sujeito a forma escrita – *v.g.* um contrato de trabalho a termo certo – e venham a cele-

---

[158] Pedro Romano Martinez, Direito do Trabalho, p. 428.
[159] Estão sujeitos a forma escrita, nomeadamente, os seguintes contratos de trabalho: Contrato de trabalho a termo (art. 141º, nº 1, do CT); Contrato de trabalho a tempo parcial (art. 153º, nº 1, do CT); Contrato de trabalho intermitente (art. 158º, nº 1, do CT); Contrato de trabalho em comissão de serviço (art. 162º, nº 3, do CT); Contrato para prestação subordinada de teletrabalho (art. 166º, nº 4, do CT).

brar simultaneamente fora do tipo contratual um pacto de permanência pois esta cláusula não está sujeita a forma escrita, podendo ser autonomizada do núcleo fundamental que tem que constar do contrato de trabalho.

Do mesmo modo, se o pacto de permanência for subsequentemente acordado entre trabalhador e empregador no âmbito de uma relação de trabalho que a lei faça depender a observância de forma especial, o pacto de permanência não está sujeito a essa forma.

Por motivos que se prendem com a proteção do trabalhador, a segurança e certeza jurídica também justificar-se-ia, *de iure condendo*, relativamente ao pacto de permanência semelhante exceção, submetendo a cláusula acessória a exigências de forma superiores às do próprio contrato de trabalho.

A opção de, no futuro, sujeitar o pacto de permanência à forma escrita constituiria uma solução em harmonia com o regime do pacto de não concorrência para o qual se exige a sujeição à forma escrita (art. 136º, nº 2, alínea a), do CT) e que à semelhança do pacto de permanência constitui outra cláusula limitativa da liberdade de trabalho.

Subsecção II
Requisitos específicos

Os requisitos específicos do pacto de permanência são os elementos essenciais desse negócio jurídico típico, constituem as estipulações de individualização do tipo legal do negócio jurídico; "são as notas específicas do conceito de cada uma dessas particulares figuras de negócios jurídicos"[160] e encontram-se descritos no art. 137º, nº 1, do Código do Trabalho consistindo na respetiva duração e na realização pelo empregador de despesas avultadas em formação profissional do trabalhador.

1. Duração
O art. 137º, nº 1, do Código do Trabalho diz que "as partes podem convencionar que o trabalhador se obriga a não denunciar o contrato de trabalho, por um período não superior a três anos (...)". Trata-se do elemento temporal do pacto de permanência.

A fixação do limite máximo de três anos para a duração do pacto de permanência constitui uma solução constante desde a consagração legal da figura no nosso ordenamento.

A opção pela manutenção do prazo de três anos, numa época em que a mobilidade laboral se tem intensificado, justifica-se como salva-

---

[160] Manuel de Andrade, cit., p. 34.

guarda do investimento avultado realizado pelo empregador. Por outro lado, três anos constitui o prazo máximo de permanência permitido por lei, o que não significa que, por defeito, se deva pactuar sempre esse prazo. Pelo contrário, o período de permanência deverá ser definido em função do investimento realizado.

As partes podem fixar livremente o período de duração do pacto de permanência dentro da margem legal, ou seja, desde que não ultrapasse o limite máximo dos três anos previsto no art. 137º do Código do Trabalho. O prazo de três anos é a duração máxima que pode vigorar um pacto de permanência, pelo que se podem pactuar outras durações para a obrigação de permanência inferiores a esta.

Assim, prevendo as partes um pacto de permanência, o mesmo produz os seus efeitos a partir de que momento? Desde o início da ação de formação profissional que o fundamenta ou desde a conclusão da mesma?

Em princípio e verificados os pressupostos de celebração do pacto de permanência, este produzirá efeitos a partir do momento em que as partes o determinarem podendo coincidir com o início da formação, o decurso da mesma ou imediatamente após o seu termo.

No silêncio das partes quanto à data de produção dos efeitos do pacto de permanência, o mesmo produzirá efeitos imediatamente após a verificação dos pressupostos de que a lei faz depender a respetiva validade, ou seja, após a verificação de despesas avultadas com formação profissional do trabalhador por parte do empregador. Esta é a única interpretação que está de acordo com uma das finalidades que a norma pretende alcançar, ou seja, a proteção do investimento realizado pelo empregador em formação profissional de um seu trabalhador.

Esta interpretação parece ilógica para alguns autores[161] segundo os quais, necessitando o trabalhador de formação, o início do decurso do tempo da obrigação de permanência não deve ocorrer durante o período de desenvolvimento da ação profissional pois nessa fase não se verifica retorno, para o empregador, do investimento realizado.

---

[161] Nancy Sirvent Hernández, cit., pp. 149 e 150.

No entanto, este entendimento permitiria a verificação de uma consequência muito mais grave para o empregador, pois ao trabalhador em formação que denunciasse o contrato de trabalho nos últimos dias do período formativo não seria aplicável a obrigação de permanência tendo beneficiado da formação.

Depois de iniciada e/ou logo que concluída uma ação de formação profissional que tenha consubstanciado uma despesa avultada por parte do empregador, as partes podem celebrar um pacto de permanência fundado na mesma.

Assim, a celebração de um pacto de permanência durante o decurso da formação profissional que o fundamenta não constitui obstáculo à sua validade. O mesmo se diga, em princípio, nas situações em que a formação já terminou, contudo, aqui a validade não pode ser afirmada *à priori* em termos absolutos.

A validade de um pacto de permanência celebrado após o termo da formação profissional que o fundamenta, a qual, como vimos, tem que ocorrer na pendência do vínculo laboral, deve ser avaliada, caso a caso, de acordo com as regras da boa fé à luz do disposto no art. 126º, nº 1, do Código do Trabalho.

O aspeto que se considera crítico nesta circunstância é a verificação de uma dilação entre o momento em que termina a formação e o momento da produção de efeitos da obrigação de permanência que opera por força dessa mesma formação.

Se essa dilação se traduzir em poucos dias ou semanas entendemos ainda ser válido o pacto de permanência celebrado nestas circunstâncias.

Se, pelo contrário, a dilação for de meses ou anos o pacto de permanência será inválido. Nestes casos, o empregador não pode diferir para um momento subsequente ao termo da formação profissional a produção de efeitos do pacto de permanência.

Afasta-se a possibilidade de existência de um termo suspensivo de meses ou anos da obrigação de permanência por três motivos: Em primeiro lugar, não faz sentido o empregador ficar desprotegido após a realização do investimento na formação profissional do seu trabalhador numa fase em que ainda não obteve retorno desse mesmo investimento; Em segundo lugar, esta situação configuraria um diferir no tempo, relativamente ao termo da formação profissional, de uma situação excecional que consiste na limitação de denúncia pelo trabalhador do seu contrato de trabalho; Em terceiro lugar, perder-se-ia a perceção da relação entre a formação profissional e o pacto de permanência, sendo que aquela é o pressuposto deste.

Pelos mesmos motivos, não é permitido às partes suspender, por acordo, o pacto de permanência, pois essa opção iria dilatar o período de limitação da liberdade de trabalho do trabalhador.

Só não será assim nos casos em que se verifique a suspensão do contrato de trabalho por facto respeitante ao trabalhador. Nesta situação, o pacto de permanência enquanto elemento contratual que integra o conteúdo do contrato de trabalho – independentemente do momento da respetiva realização – e visa, nomeadamente, o ressarcimento do investimento realizado pelo empregador na formação do trabalhador deve ficar suspenso na medida em que se insere no conjunto dos direitos, deveres e garantias das partes decorrentes da efetiva prestação de trabalho (art. 295º, nº 4, do CT).

As partes podem fixar um termo resolutivo, certo ou incerto, quando previrem a duração do pacto de permanência.

Exemplo da primeira variante é a cláusula que estipula uma permanência de um ano.

Exemplo da segunda variante é a cláusula que impõe uma permanência até ao termo da execução de determinado projeto, como seja, a construção de uma ponte ou de uma barragem.

A fixação de um termo incerto, na medida em que se desconhece o momento exato em que o evento ocorre, pode levar a que o termo ocorra após o período de três anos. Do mesmo modo, pode verificar-se a circunstância das partes fixarem, *ab initio*, como período de duração do pacto de permanência um prazo superior a três anos.

Tendo em consideração que o art. 137º do Código do Trabalho é uma norma imperativa, em relação a este limite de duração do pacto de permanência coloca-se a questão de saber qual a validade de um pacto de permanência em que se tenha instituído, direta ou indiretamente, um período de duração superior a três anos.

A cláusula do pacto de permanência que viole o prazo legal de três anos de duração da obrigação de permanência constitui uma invalidade. Contudo, tal facto não determina a invalidade de todo negócio, salvo quando se mostre que este não teria sido celebrado sem a parte viciada (art. 292º, do CC e art. 121º, nº 1, do CT).

No caso de fixação de duração do pacto de permanência superior ao legalmente estabelecido é configurável a divisão do negócio e a sua redução ao prazo máximo legalmente estabelecido de três anos.

Segundo Galvão Telles, "A redução supõe, por natureza, a divisibilidade do negócio jurídico. A redução traduz-se, com efeito, na divisão desse negócio em duas partes – a que se mantém nula e a que se salva, sob as vestes de negócio válido, se bem que de dimensão mais restrita"[162].

Assim, deve ser reduzido o prazo que excede os três anos para o prazo de três anos.

Efeito semelhante poderá ser constatado na situação em que um pacto de permanência, celebrado no âmbito de um contrato de trabalho a termo certo, tenha sido convencionado com duração superior ao do próprio contrato de trabalho a termo certo.

Nestas circunstâncias, a cláusula acessória não se autonomiza perante o contrato principal, não tendo vigência cessado o contrato de trabalho.

Contudo, a redução da duração da obrigação de permanência não ocorre de forma automática perante a desconformidade temporal entre o contrato de trabalho a termo certo e a cláusula acessória, sempre que esta tenha duração superior. Em rigor, não estaremos perante qualquer redução (art. 292º, do CC e art. 121º, nº 1, do CT) mas perante a extinção da cláusula de permanência que ocorre por efeito da cessação do contrato de trabalho. Como veremos, a cessação do contrato de trabalho é causa de extinção do pacto de permanência.

---

[162] Inocêncio Galvão Telles, Manual dos Contratos em Geral, p. 373.

Na maioria das situações em que o contrato de trabalho a termo seja celebrado com prazo inferior ao da cláusula de permanência, o mesmo poderá ser objeto de uma ou mais renovações que, no total, consubstanciem um prazo que passe a conter o prazo de duração da cláusula de permanência. A lei considera como um único contrato aquele que seja objeto de renovação.

O que acontece se as partes previrem um pacto de permanência mas não estipularem o respetivo prazo de duração?

A duração é um dos requisitos do pacto de permanência, sem o qual o pacto é nulo. A ausência da indicação da duração da obrigação de permanência gera a nulidade do pacto de permanência.

Por acordo das partes, é possível a extensão do período de duração da obrigação de permanência desde que essa prorrogação não exceda o limite legal dos três anos. Ou seja, um pacto de permanência em que as partes fixaram uma duração de três anos é improrrogável. Contudo, um pacto de permanência cuja duração inicial tenha sido fixada num ano pode ser, sucessivamente, prorrogado até ao limite global dos três anos, desde que as partes nisso acordem.

A prorrogação da obrigação de permanência depende da verificação dos requisitos que estiveram na origem da constituição da obrigação de permanência. Para o efeito, o empregador tem que obter o acordo do trabalhador invocando que o investimento em formação não gerou, ainda, o retorno expectável, justificando-se, consequentemente, uma prorrogação da obrigação de permanência. É necessário, tão só, o acordo das partes para se operar a prorrogação.

A celebração do pacto de permanência e a respetiva prorrogação, verificados os requisitos legais, depende da vontade das partes.

2. Despesas avultadas com formação profissional de trabalhador

Um dos fins do pacto de permanência é compensar o empregador por despesas avultadas feitas com a formação profissional de determinado trabalhador.

O legislador do Código do Trabalho de 2009, no art. 137º, nº 1, diz que o pacto de permanência limita temporariamente a liberdade de denúncia do contrato de trabalho pelo trabalhador como "compensação ao empregador por despesas avultadas feitas com a sua formação profissional".

As despesas avultadas têm de ser realizadas pelo empregador em formação profissional.

Trata-se de um requisito de dupla condição, por um lado é necessário que se realizem despesas avultadas e, por outro, que as mesmas sejam feitas em formação profissional.

O conceito de formação profissional a que se chegou e para onde se remete é essencial para delimitar a figura do pacto de permanência na medida em que este conceito é um pressuposto da figura.

O investimento em formação profissional tem de se traduzir num encargo efetivo da empresa, o que significa que a mesma tem que constituir um custo económico para a organização.

Este pressuposto pode colocar dificuldades nas situações em que a formação profissional é por qualquer forma apoiada, no todo ou em parte, por organismos ou instituições alheios à própria organização.

Nas situações de total financiamento da ação formativa, não constituindo esta qualquer custo efetivo para a organização, o empregador não pode pretender celebrar qualquer pacto de permanência pois não se verifica um requisito essencial para a sua celebração que é o custo avultado efetivamente suportado pelo empregador. Assim, caso se celebre um pacto de permanência nestas circunstâncias entendemos que o mesmo é nulo por preterição de um requisito essencial.

Sendo a formação profissional parcialmente financiada, apenas poderá constituir fundamento para a celebração de um pacto de permanência a formação cujo custo seja parcialmente suportado pelo empregador desde que esse montante seja qualificável, ainda assim, como despesa avultada. Nesta situação, a qualificação como avultada da despesa parcialmente suportada pela organização com a formação profissional pressupõe uma análise sobre a parcela que constitui custo ou despesa para o empregador exatamente nos mesmos termos da que é realizada quando o custo da formação é integralmente suportado pelo empregador.

O conceito indeterminado *despesas avultadas* constitui o critério aferidor do tipo de despesa realizada pelo empregador com a formação profissional de um seu trabalhador que é usado como requisito da figura do pacto de permanência[163].

As despesas avultadas feitas com a formação profissional do trabalhador constituem o requisito substantivo da figura do pacto de permanência.

Todas as previsões legais anteriores ao Código do Trabalho de 2009 referiam que as despesas realizadas pelo empregador em formação profissional e que fundamentavam a celebração da permanência tinham que ser *despesas extraordinárias*[164].

Vejamos qual o sentido da inovação contida no Código do Trabalho de 2009, ao substituir a expressão despesas extraordinárias pela expressão despesas avultadas relativamente às despesas realizadas com a formação profissional.

As razões da mudança não podem ser dissociadas do regime da formação profissional.

O conceito indeterminado despesas extraordinárias anteriormente utilizado pelo legislador era e é interpretado de forma consensual pela doutrina e jurisprudência.

Entendia-se que a natureza extraordinária das despesas implicava que não podiam ser consideradas para fundamentar a produção de efeitos de um pacto de permanência as despesas decorrentes da obrigação geral de formação profissional contínua que recaía sobre os

---

[163] O CT no art. 136º, nº 2, alínea c), também utiliza o conceito indeterminado despesas avultadas quando se refere às despesas com a formação profissional do trabalhador ao descrever os requisitos da figura do pacto de não concorrência e estatui que deve ser atribuída "ao trabalhador, durante o período de limitação da atividade, uma compensação que pode ser reduzida equitativamente quando o empregador tiver realizado despesas avultadas com a sua formação profissional.".

[164] Cfr. supra a análise da evolução do tratamento legal da figura no ordenamento jurídico português.

empregadores por força do disposto no art. 120º, al. d), do CT de 2003[165-166].

Na vigência do Código do Trabalho de 2003, Júlio Gomes resume esta posição ao afirmar que o pacto de permanência "surge como contrapartida possível de «despesas extraordinárias», o que, desde logo sugere que o mesmo cumprimento dos deveres de formação profissional a que o empregador está geralmente adstrito (vejam-se nomeadamente os artigos 125º e 137º do Código) não é suficiente para legitimar a inclusão desta cláusula"[167].

A introdução, no Código do Trabalho de 2003, do dever de formação, nos termos supra descritos, levou a que se acentuasse a ideia que as despesas extraordinárias correspondiam às despesas realizadas cumpridas que fossem as despesas ordinárias impostas pelo dever de formação indicado nos artigos 123º e segs., do Código do Trabalho de 2003 (atuais arts. 130º e segs., do CT de 2009.).

Durante a vigência da LCT, Jorge Leite manteve uma posição semelhante ao defender que o "compromisso de permanência tem como sua causa despesas excecionais com a formação profissional do trabalhador, ou seja, despesas que exorbitam, manifestamente, do dever da entidade patronal de «contribuir para a elevação do nível de produtividade do trabalhador» (art. 19º/d da LCT) ou do «dever de proporcionar aos seus trabalhadores meios de formação e de aperfeiçoamento profissional» (art. 42º/1 da LCT).".

Assim, verificava-se uma contraposição das despesas extraordinárias, que consistiam nas despesas relevantes com formação profis-

---

[165] Estatui a al. d) do art. 120º, do CT que constitui dever do empregador: "Contribuir para a elevação do nível de produtividade do trabalhador, nomeadamente proporcionando-lhe formação profissional."
[166] Neste sentido, Maria do Rosário Palma Ramalho, Direito do Trabalho, Parte II – Situações Laborais Individuais, p. 211; Joana Vasconcelos em anotação ao art. 147º, do Código do Trabalho Anotado, Pedro Romano Martinez e outros.
[167] Júlio Gomes, cit., p. 626.

sional, as quais transcendiam o dever de formação, às despesas ordinárias com a formação profissional que eram as despesas realizadas no cumprimento de um dever genérico de formação a cargo do empregador.

A jurisprudência acompanha maioritariamente esta posição[168] que não se alterou significativamente com a publicação do Código do Trabalho de 2009.

Outro entendimento que nos parece mais adequado é o de que o pacto de permanência podia e pode ser utilizado para proteger todo o investimento em formação profissional, inclusive aquele que decorre do cumprimento da obrigação geral de formação profissional prevista nos arts. 131º e segs. do Código do Trabalho pois, mesmo no âmbito do dever de formação esse investimento, pode traduzir-se num custo significativo para o empregador.

Nesta conceção, as despesas extraordinárias ou as despesas avultadas com formação profissional são quaisquer gastos de montante elevado realizados pelo empregador em formação profissional do trabalhador.

Deve ter-se uma visão ampla e global das despesas extraordinárias e libertá-las do espartilho que constitui a visão que contrapõe as despesas ordinárias com a formação contínua às despesas extraordinárias que seriam as realizadas após o cumprimento do dever de formação contínua que impende sobre o empregador.

O legislador tomou posição, clara e inequívoca, neste último sentido, ou seja, no sentido de incluir no âmbito do pacto de permanência todas despesas avultadas com a formação independentemente da sua natureza[169].

A substituição operada pelo legislador de 2009 visa esclarecer que, sendo as despesas com a formação profissional avultadas, se encontra

---

[168] Vide a título de exemplo o Ac. STJ de 13-10-2010 proferido no processo nº 185//08.8TTSTR.E1.S1 e disponível em *http://www.dgsi.pt*.

[169] Em sentido contrário à luz do Código do Trabalho de 2009, Maria da Glória Leitão e Diogo Leote Nobre, Código do Trabalho Revisto, Anotado e Comentado, p. 140.

verificado o requisito que permite a celebração ou a produção de efeitos da cláusula de permanência.

Assim, despesas extraordinárias e despesas avultadas são expressões que significam um custo elevado e a mudança introduzida pelo Código do Trabalho de 2009 foi imposta por razões de harmonização terminológica entre as cláusulas de limitação da liberdade de trabalho previstas no art. 136º, do Código do Trabalho (pacto de não concorrência) e no art. 137º, do Código do Trabalho (pacto de permanência) e não por qualquer mudança na conceção da figura que, como se viu, se mantém estável nos respetivos princípios desde a sua consagração em 1966.

A substituição da expressão: despesas extraordinárias pela expressão: despesas avultadas constituiu uma harmonização, nesta parte, do disposto nas duas cláusulas de limitação da liberdade de trabalho: o pacto de permanência e a cláusula de não concorrência.

Desde a consagração do pacto de não concorrência que as sucessivas disposições referem como requisito para a validade desta figura que o empregador compense o trabalhador durante o período em que durar a obrigação de não concorrência podendo essa compensação ser reduzida equitativamente em função do empregador ter "dispendido somas avultadas" com a formação profissional do trabalhador[170].

O legislador de 2009 consagra como requisito de validade do pacto de não concorrência a atribuição ao "trabalhador, durante o período de limitação da atividade, uma compensação que pode ser reduzida equitativamente quando o empregador tiver realizado despesas avultadas com a sua formação profissional".

O legislador realizou uma uniformização terminológica em ambas as cláusulas de limitação da liberdade de trabalho referindo, como pressuposto da cláusula de permanência e como pressuposto da redução

---

[170] Cfr. art. 36º, nº 2, alínea c), do DL nº 47 032, de 27 de maio de 1966; art. 36º, nº 2, alínea c), do DL nº 49 408, de 24 de novembro de 1969 e o art. 146º, nº 2, alínea c), do CT 2003.

equitativa do montante da compensação decorrente da cláusula de não concorrência, a realização de despesas avultadas com a formação profissional do trabalhador.

Não obstante a expressão despesas avultadas constituir uma inovação terminológica do Código do Trabalho de 2009 a mesma teve por fonte a expressão: despesas extraordinárias utilizada desde o DL nº 47 032, de 27 de maio de 1966 no regime jurídico do pacto de permanência e a expressão: somas avultadas consagrada, desde o referido diploma, no regime jurídico da cláusula de não concorrência. Ou seja, a expressão despesas avultadas constitui a síntese entre as expressões: despesas extraordinárias e somas avultadas, utilizadas pelas duas cláusulas de limitação da liberdade de trabalho: o pacto de permanência e a cláusula de não concorrência desde a sua consagração no ordenamento jurídico português realizada pelo DL nº 47 032, de 27 de maio de 1966.

O que se deve entender por despesas avultadas, a determinação deste conceito é essencial na caracterização da figura do pacto de permanência.

A lei utiliza um conceito indeterminado[171] ou critério de valor[172] que o intérprete necessita de concretizar. O conceito indeterminado: despesas avultadas, requer um "preenchimento valorativo"[173].

A fórmula: despesas avultadas não constitui um conceito vazio, o preenchimento de parte do significado jurídico deste conceito indeterminado é possível, embora se mantenha sempre uma zona cinzenta que requer concretização. Nas palavras de Karl Engish "podemos distinguir nos conceitos jurídicos indeterminados um núcleo

---

[171] Karl Engish define conceito indeterminado como sendo aquele "cujo conteúdo e extensão são em larga medida incertos" (Introdução ao pensamento jurídico, p. 208) e António Menezes Cordeiro defende que os conceitos são indeterminados "por não permitirem comunicações claras quanto ao seu conteúdo" (Tratado de direito civil, I, p. 773).
[172] Karl Larenz, Metodologia da ciência do direito, p. 148.
[173] Karl Larenz, cit., p. 310.

conceitual e um halo conceitual. Sempre que temos uma noção clara do conteúdo e da extensão de um conceito estamos no domínio do núcleo conceitual. Onde as dúvidas começam, começa o halo do conceito."[174].

Ao analisar o conceito indeterminado: despesas avultadas, determina-se que o empregador tem de realizar um gasto com a formação profissional do seu trabalhador. Esse dispêndio é o núcleo de certeza do conceito, tendo sido o propósito do legislador remeter para um juízo de valor a determinar, caso a caso, pelas partes a concretização do que deve ser entendido como avultado neste contexto, em função da consciência jurídica da comunidade.

Assim, a concretização do conceito despesa avultada é influenciado pela tradição onde pontificam as decisões dos tribunais[175] mas encontra-se em permanente evolução uma vez que a consciência jurídica da comunidade, à luz da qual o conceito indeterminado é concretizado, não é estática antes se encontrando em constante mutação.

Esta necessidade de definição do conceito, no momento da respetiva aplicação, decorre da essência do conceito indeterminado o qual possui uma estrutura flexível, relativa e móvel adotando diferentes concretizações consoante o momento de aplicação[176].

O dicionário da língua portuguesa contemporânea da Academia das Ciências de Lisboa define avultado como aquilo "que é de grande

---

[174] Introdução ao pensamento jurídico, p. 209.
[175] Karl Larenz, cit. p. 311, qualifica os tribunais "como «caixas de repercussão» dessa consciência jurídica geral".
[176] Neste sentido Manuel A. Domingues de Andrade defendia: "Às vezes, de facto, a lei serve-se de conceitos essencialmente flexíveis, meras diretivas gerais muito vagas e plásticas, cuja consciência exata não especifica e tem que ser definida ou precisada pelo juiz, no momento da aplicação, segundo as convicções reinantes no agregado social ou também, porventura, em investigação livre, operando com a ideia de justiça sobre os dados da realidade ambiente." (Ensaio sobre a teoria da interpretação das leis, p. 47).

valor ou importância; que é muito grande. Considerável, importante"[177].

O julgador tem uma margem de livre apreciação do conceito indeterminado despesas avultadas na medida em que o mesmo apenas poderá ser concretizado caso a caso, de forma a concluir-se ser razoável e equilibrado que, decorrente do montante do investimento do empregador na formação profissional de determinado trabalhador, se imponham ao trabalhador restrições à denuncia do seu contrato de trabalho por força de um pacto de permanência.

A concretização do conceito não é feita de forma arbitrária, há que realizar o seu preenchimento através de indícios que devem ser ponderados e valorados.

Na análise que realizar, o julgador deve recorrer a elementos extra-jurídicos para concluir sobre a operacionalidade do pacto de permanência. Assim, afigura-se relevante, para o efeito, a relação entre determinados factos como o custo efetivo da formação para o empregador, o valor da retribuição do trabalhador à data da formação, o volume de negócios da empresa que realiza o investimento na formação, o valor da Remuneração Mínima Mensal Garantida em vigor à data da formação, os usos do empregador e/ou do setor.

Reitera-se que as despesas avultadas têm que ter por objeto a formação profissional. O empregador tem que custear a formação profissional que fundamenta a celebração do pacto de permanência. O conceito de formação profissional atrás indicado tem aqui plena aplicação.

O investimento em formação profissional é um pressuposto da figura do pacto de permanência. Como decidiu o acórdão do Tribunal da Relação de Lisboa de 16 de maio de 2007[178], "empregador e traba-

---

[177] Dicionário da língua portuguesa contemporânea da Academia das Ciências de Lisboa, vol. I, A-F, p. 443, verbo, 2001.
[178] Ac. RL de 16/05/2007 proferido no processo nº 1251/07 e publicado na CJ, tomo III, pp. 152-153.

lhador não podem celebrar um acordo pelo qual o trabalhador se abstém de denunciar o seu contrato de trabalho durante determinado lapso de tempo fixando uma cláusula penal para o caso de se verificar incumprimento da abstenção de denúncia do contrato de trabalho durante o período fixado quando o pretenso pacto de permanência não contenha os requisitos legalmente fixados, sendo nula a cláusula que pretenda instituir uma obrigação de permanência desligada da formação profissional.".

Secção III
A extinção do pacto de permanência

1. Decurso do prazo
O pacto de permanência extingue-se pelo decurso do prazo de duração estipulado pelas partes. Constitui uma forma de extinção da obrigação do tipo negativo – *non facere* – o vencimento do prazo durante o qual o devedor se obrigou a abster-se de promover a denúncia do contrato de trabalho.

Decorrido o prazo de permanência acordado entre as partes, o trabalhador liberta-se da obrigação de permanência e recupera a liberdade de denúncia *ad nutum* do vínculo laboral.

O decurso do prazo estabelecido sem que o trabalhador denuncie o contrato de trabalho constitui o cumprimento da obrigação de permanência por parte deste e representa a satisfação do interesse do empregador.

Segundo João Calvão da Silva "o cumprimento, atuação ou realização da prestação devida, constitui o termo do desenvolvimento normal da obrigação, o seu fim natural, nele encontrando o credor a plena e legítima satisfação do seu interesse à custa do sacrifício imposto ao devedor, que, assim, se libera do seu dever de prestar, extinguindo a obrigação."[179].

---

[179] Cumprimento e sanção pecuniária compulsória, p. 69.

O cumprimento da obrigação de permanência verifica-se com omissão contínua do comportamento – denúncia do contrato de trabalho – pelo período acordado.

2. Revogação e renúncia expressa à permanência

Constituindo a cláusula de permanência expressão da vontade das partes pode ser livremente revogada por estas a todo o tempo. O acordo revogatório do pacto de permanência é uma manifestação de sentido inverso ao pacto que instituiu a obrigação de permanência e produz efeitos para o futuro. A mesma autonomia da vontade que esteve na origem da celebração do pacto de permanência pode acordar no seu termo a todo o tempo sem necessidade de qualquer fundamentação.

Por outro lado, constituindo o pacto de permanência uma obrigação unilateral, que vincula o trabalhador, é causa de extinção dessa obrigação de permanência a emissão de declaração pelo empregador a renunciar ao direito de crédito que tem sobre o trabalhador. Esta renúncia tem como efeito a perda voluntária, por parte do empregador, do direito de exigir a permanência na organização do trabalhador que a ela se vinculou e a libertação da obrigação de permanência por parte do trabalhador.

Tal como a constituição da obrigação de permanência, o acordo revogatório do pacto de permanência e a declaração de renúncia à permanência não estão sujeitos a qualquer requisito de forma. As considerações desenvolvidas sobre a conveniência de submissão do pacto de permanência a forma escrita têm, nesta situação, plena aplicabilidade. A certeza e a segurança jurídica aconselham que estes instrumentos sejam celebrados sob a forma escrita.

3. Cessação do vínculo laboral

O pacto de permanência, enquanto situação jurídica laboral, constitui parte integrante do vínculo laboral independentemente do momento em que é celebrado e termina sem que daí decorram consequências para o trabalhador ocorrendo a cessação do vínculo laboral exceto por efeito da denúncia.

Assim, verificando-se, relativamente ao contrato de trabalho, a caducidade, a revogação, o despedimento por facto imputável ao trabalhador, o despedimento coletivo, o despedimento por extinção de posto de trabalho, o despedimento por inadaptação ou a resolução pelo trabalhador, o encerramento da empresa e a cessação do contrato de trabalho por declaração do administrador da insolvência, o pacto de permanência extingue-se, regra geral, sem consequências para o trabalhador.

As situações de caducidade do contrato de trabalho, como: a morte do empregador ou a extinção da pessoa coletiva, têm como efeito a extinção do pacto de permanência. A cláusula acessória não se autonomiza perante o contrato principal, não tendo vigência após a cessação do contrato de trabalho.

No entanto, no que respeita à caducidade há que fazer uma ressalva relativamente à situação de reforma por velhice ou ao atingir pelo trabalhador da idade de 70 anos sem ter havido reforma. Nestes casos, verificando-se a situação de reforma ou atingindo o trabalhador a idade de 70 anos e existindo um pacto de permanência em vigor, o trabalhador não pode operar a caducidade do contrato de trabalho sob pena de se verificar uma situação de abuso de direito e violadora do princípio da boa fé (art. 126º, nº 1, do CT).

Nestas circunstâncias, se o trabalhador requerer a concessão da pensão de velhice, o Código do Trabalho determina a caducidade do vínculo laboral (art. 343º, al. c), do CT). A reforma do trabalhador por velhice constitui um comportamento, subsequente ao compromisso de permanência e contraditório com aquele, que configura uma situação típica de abuso de direito denominada *venire contra factum proprium*. O trabalhador que desenvolva um comportamento desta natureza viola o pacto de permanência, sendo responsável perante o empregador por esse mesmo incumprimento.

O trabalhador que se encontre sujeito a uma obrigação de permanência e que tenha atingido a reforma por velhice ou a idade de 70 anos cumpre o pacto de permanência se continuar ao serviço e permitir, desse modo, a conversão *ope legis* do seu contrato de trabalho em contrato a termo (art. 348º, nº 1 e nº 3, do CT) e a manutenção do vínculo laboral durante o período de vigência da obrigação de permanência. O trabalhador não pode obstar à continuidade do contrato de trabalho que o art. 348º do Código do Trabalho permite.

Embora o contrato a termo que resulta da aplicação deste regime tenha a duração de seis meses, pode ser renovado, ilimitadamente, por iguais períodos, o que permite que o vínculo se mantenha durante todo o período em que foi acordada a permanência (art. 348º, nº 2, al. b) e nº 3, do CT).

Quando o contrato de trabalho cessa, na sequência de um despedimento disciplinar, verificando-se uma situação de justa causa, o pacto de permanência extingue-se, regra geral, sem que tal situação implique a obrigação do trabalhador ressarcir o empregador dos investimentos realizados em formação profissional.

Não será, contudo, assim, pelo menos nas situações em que o trabalhador tenha praticado um comportamento culposo e violador dos seus deveres laborais que torne impossível a manutenção do vínculo laboral com o objetivo de se libertar da obrigação de permanência[180]. De igual modo, se o comportamento culposo e violador dos deveres laborais, que torne impossível a manutenção do contrato de trabalho, tiver por objeto a própria formação profissional e os seus objetivos, o trabalhador terá que ressarcir o empregador nos termos constantes do pacto de permanência cuja validade e eficácia se mantém neste contexto.

Ao verificar-se uma contradição entre o compromisso assumido no pacto de permanência com o empregador e a prática adotada pelo trabalhador, esse comportamento constitui uma oposição à própria atividade formativa e inviabiliza o investimento realizado, que fundamentou a obrigação de permanência[181]. Nestas circunstâncias, por

---

[180] Mário Pinto e outros, Comentário às leis do trabalho, p. 173.
[181] A situação em que o trabalhador recusa ilegitimamente a frequência de um módulo formativo, a falta de diligência verificada durante a participação na ação formativa, a recusa

força da aplicação do principio geral da boa fé (art. 126º, nº1 do CT)[182], o trabalhador deve ser responsabilizado pela violação do pacto de permanência e, cumulativamente, ser responsabilizados em termos disciplinares.

em executar as tarefas para as quais recebeu formação de tal forma que torne, imediata e praticamente, impossível a subsistência da relação de trabalho.
[182] Permitir que o trabalhador que viola as suas obrigações perante o empregador possa, por esta via, eximir-se do cumprimento do pacto de permanência prevalecendo-se da situação jurídica por si criada constitui um tipo abusivo comumente denominado *Tu quoque* (cfr. António Menezes Coreiro, Do abuso do direito: Estado das questões e perspetivas, p. 359).

Secção IV
A não execução do pacto de permanência

1. Desvinculação antecipada do trabalhador
A lei admite que o trabalhador se desvincule antecipadamente do pacto de permanência. A desvinculação unilateral do trabalhador constitui uma valorização da libertação deste face à obrigação a cujo cumprimento se encontra sujeito com a consequente desvalorização da satisfação do interesse do empregador a favor do qual foi constituída a permanência.

A lei confere, no art. 137º, nº 2, do Código do Trabalho, ao trabalhador um direito potestativo extintivo da obrigação de permanência.

A opção do legislador de não subordinar o interesse do trabalhador ao do empregador prende-se com o facto do pacto de permanência constituir uma limitação à liberdade de trabalho, que é um direito fundamental que integra o conjunto dos direitos, liberdades e garantias definidos na Constituição da Republica Portuguesa (art. 47º, nº 1, da CRP).

O trabalhador limitou voluntariamente o seu direito de liberdade de escolha de profissão na sua dimensão de livre denúncia do vínculo laboral o qual constitui um direito fundamental de personalidade[183].

---

[183] Rabindranath Capelo de Sousa, O direito Geral de Personalidade, p. 97.

O direito potestativo extintivo da obrigação de permanência que a lei lhe confere (art. 137º, nº 2, do CT) concretiza o princípio geral consagrado no Código Civil (art. 81º, nº 2). Dispõe o art. 81º, nº 2, do Código Civil que a limitação voluntária ao exercício dos direitos de personalidade "quando legal, é sempre revogável, ainda que com a obrigação de indemnizar os prejuízos causados às legítimas expectativas da outra parte.".

A possibilidade de desvinculação antecipada do pacto de permanência pelo empregador pode operar a todo o tempo como resulta da forma irrestrita como se encontra redigido o art. 137º, nº 2, do Código do Trabalho e do disposto no art. 81º, nº 2, do Código do Civil que proclama que a limitação voluntária dos direitos de personalidade "é sempre revogável".

O trabalhador pode desvincular-se antecipadamente do pacto de permanência, desde que restitua ao empregador as importâncias que o mesmo despendeu com a sua formação profissional e que justificaram a produção de efeitos da obrigação de permanência[184]. O trabalhador pode subtrair-se da sua obrigação conquanto reembolse as despesas realizadas pelo empregador.

A lei impõe ao trabalhador que se desvincula do pacto de permanência uma obrigação de "pagamento do montante correspondente às despesas nele referidas" (art. 137º, nº 2, do CT). Trata-se de uma situação de responsabilidade por ato lícito ou pelo sacrifício[185] em que a lei prevê o direito do empregador ser indemnizado pelo sacrifício do seu interesse decorrente da atuação lícita do trabalhador que faz cessar o seu contrato de trabalho pelo exercício o seu direito fundamental e direito de personalidade que se traduz na liberdade de escolha de profissão.

---

[184] Trata-se de uma conclusão pacífica, nomeadamente, na jurisprudência nacional, vide a título de exemplo o Ac. STJ de 27-02-2008 proferido no processo nº 07S4484 e disponível em *http://www.dgsi.pt*.
[185] Luís Menezes Leitão, Direito das Obrigações, Vol. I, p. 361.

A obrigação de ressarcir o empregador pelo valor correspondente às despesas realizadas em formação profissional decorre do art. 137º, nº 2, do Código do Trabalho e pressupõe a existência de um pacto de permanência validamente celebrado.

A restituição das importâncias despendidas pelo empregador com a formação profissional do trabalhador é uma consequência da não realização da obrigação de *non facere* resultante do pacto de permanência.

A nova redação do preceito, que consagra o pacto de permanência no Código do Trabalho de 2009, pode suscitar algumas dúvidas relacionadas com a determinação, em concreto, do montante a ressarcir pelo trabalhador por força do incumprimento da obrigação de permanência.

No Código do Trabalho de 2003, a obrigação de permanência surgia "como compensação de despesas extraordinárias comprovadamente feitas pelo empregador na formação profissional do trabalhador, podendo este desobrigar-se restituindo a soma das importâncias despendidas".

A redação de 2003 era inequívoca ao indicar que a restituição correspondia à soma das importâncias despendidas com as despesas extraordinárias realizadas com a formação profissional do trabalhador.

O novo nº 2, do art. 137º, do Código do Trabalho ao estatuir que "O trabalhador pode desobrigar-se do cumprimento do acordo previsto no número anterior mediante pagamento do montante correspondente às despesas nele referidas" inova de forma não totalmente conseguida na medida em que pressupõe que as despesas constem referidas no pacto de permanência quando a lei consagra a respetiva liberdade de forma, não sujeitando o pacto de permanência a forma escrita.

O art. 137º, nº 2, do Código do Trabalho não está em conformidade com o regime de forma instituído para o pacto de permanência, não é tão claro quanto a versão do Código do Trabalho de 2003 e impõe que se coloque a questão sobre se o montante que o trabalhador tem de restituir corresponde às despesas avultadas com a formação profissional ou às despesas referidas no acordo caso tenha sido reduzido a escrito.

Embora a redação possa, numa primeira leitura, suscitar a dúvida, uma análise mais aprofundada dissipa-a no sentido de que o montante que o trabalhador terá de pagar corresponde às despesas avultadas realizadas pelo empregador quer se encontrem indicadas de forma expressa no acordo celebrado pelas partes quer não. Nem poderia ser de outro modo na medida em que, por um lado o pacto de permanência não está, regra geral, sujeito a forma escrita e, por outro, o regime do pacto de permanência pressupõe a realização de despesas avultadas com formação profissional sendo essa ligação a base do regime e a proteção do investimento do empregador em formação profissional o fim da figura.

De igual modo, se o empregador indicar, como custo, um montante superior àquele que constituiu o seu custo efetivo com a ação de formação profissional que fundamenta o pacto de permanência esse montante deve ser reduzido ao montante efetivamente por si despendido (art. 292º, do CC e art. 121º, nº 1, do CT). Na circunstância de desvinculação antecipada do trabalhador, o custo da ação de formação constitui o limite da sua responsabilidade[186].

Não será assim, se o montante acordado entre as partes for inferior ao custo efetivo com a ação de formação, neste caso prevalecerá a vontade das partes e o montante acordado constituirá o limite da responsabilidade do trabalhador.

O que acontece se o trabalhador se desvincula muito próximo do termo do prazo acordado na cláusula de permanência, ou seja, nos casos em que cumpre a maior parte da permanência mas, ainda assim, se desvincula antes do seu termo?

---

[186] Nesse sentido O Ac. RE de 09/02/2010 proferido no processo 185/08.8TTSTR.E1 e disponível em *http://www.dgsi.pt*. Parece ser também esse o sentido da decisão do Ac. RL de 28-04-2010 proferido no processo 812/07.4TTALM.L1-4 e disponível em *http://www.dgsi.pt* embora o sumário do acórdão aponte em sentido diferente.

António Monteiro Fernandes defende que, na "perspetiva de ressarcimento adequado", a restituição a efetuar ao empregador pelo trabalhador que se desvincule antecipadamente deve ser proporcional ao tempo que falta cumprir na medida em que "o sentido do próprio pacto de permanência é o de uma garantia de «amortização» ou de «retorno» para um investimento particularmente significativo em formação"[187-188].

Na mesma linha, Jorge Leite entende que a "obrigação de restituir, quando exista, deve ser reduzida proporcionalmente ao tempo de serviço posterior à conclusão da preparação profissional"[189]. E, de igual modo, Albino Mendes Baptista[190] manifestou adesão a esta posição de Jorge Leite.

A jurisprudência também tem acompanhado esta tese[191].

Consideramos que esta não é a solução que a lei consagra. A lei consagra uma solução absoluta, o trabalhador, não cumprindo o pacto de permanência, terá que ressarcir integralmente o empregador pelos custos com a formação que este despendeu.

Esta não nos parece uma "solução desproporcionada e infeliz"[192] porque, tal como o entendemos, o pacto de permanência não possui apenas uma dimensão de custo/ressarcimento para o empregador. Tão importante quanto a relação custo/ressarcimento é a questão da permanência em funções do trabalhador, utilizando o conhecimento decorrente da formação profissional e que justificou o investimento, pelo que não se poderá considerar o empregador ressarcido apenas com a restituição do montante correspondente à formação, calculado

---

[187] António Monteiro Fernandes, cit., p. 660.
[188] No mesmo sentido Ricardo Nascimento, Da cessação do contrato de trabalho, p. 348.
[189] A extinção do contrato de trabalho por vontade do trabalhador, p. 91.
[190] Estudos sobre o Código do Trabalho, p. 20.
[191] Por todos Ac. RL de 27-10-2010 proferido no processo 2779/07.0TTLSB.L1-4 e disponível em *http://www.dgsi.pt*.
[192] Júlio Gomes, cit., p. 630.

proporcionalmente ao tempo que falta decorrer para que se extinga a obrigação de permanência.

Se o regime legal permitisse que, com o passar do tempo, se diminuísse proporcionalmente o montante do ressarcimento do empregador estar-se-ia a tornar a desvinculação proporcionalmente menos onerosa com o decurso do tempo para o trabalhador e a contribuir para que existissem razões para os empregadores não confiassem na solução legal e para apresentarem reservas quanto ao investimento em formação profissional invocando, porventura, que a lei não protegeria com a mesma intensidade, por todo o período acordado, as suas legitimas expectativas no que concerne à efetiva permanência em funções.

Segundo a Comissão do Livro Branco o combate à destruição do emprego faz-se com uma maior cooperação entre trabalhadores e empresas e "para que tal aconteça, é necessário reduzir o risco para o trabalhador e para a empresa em simultâneo, gerando a confiança mútua necessária à realização de investimentos em capital humano"[193]. Ou seja, o investimento em capital humano – formação profissional – pressupõe confiança e previsibilidade na fase de desenvolvimento de relações laborais e de formação profissional em que Portugal se encontra, a opção legal é, a que melhor se adequa para gerar a desejada confiança mútua.

Por outro lado, a população ativa em Portugal caracteriza-se por ter baixos índices de qualificação profissional associada a uma percentagem elevada de abandono escolar e saída escolar precoce o que, no contexto, de uma economia global cada vez mais alicerçada no conhecimento, cria a necessidade de investimento e promoção de formação profissional. Esta situação levou, no contexto *jus-laboral* referido, à introdução de um dever geral de formação no Código do Trabalho de 2003 e ao alargamento e concretização da regulamentação de formação profissional no Código de 2009, como forma de inverter o círculo vi-

---

[193] Comissão do Livro Branco das Relações Laborais, cit., p. 32.

cioso decorrente do bloqueio, gerado pela falta de qualificações e pelo abandono escolar, ao acesso à formação profissional e à aquisição de novas competências.

Também nesta perspetiva, a solução legal de ressarcimento integral do valor da formação profissional é o que melhor serve o objetivo de incentivo à formação profissional pretendido pelo legislador.

Na ausência de disposição expressa que consagre essa solução, a via do ressarcimento adequado e da redução proporcional da compensação a pagar ao empregador em caso de desvinculação antecipada do pacto de permanência não pode ser operada uma vez que o valor da formação é certo, ou pelo menos, determinável não deixando margem para juízos desta natureza.

Afastamo-nos, igualmente, da tese exposta por Joana Vasconcelos que defende uma redução alicerçada no disposto no art. 81º, do Código Civil tendo em consideração as "legítimas expectativas da outra parte" na medida em que a devolução integral do montante despendido pelo empregador em formação profissional na situação de desvinculação antecipada do trabalhador constitui "uma inaceitável compressão da liberdade de trabalho" daquele, impondo-se "fazer uma leitura mais consonante com a Constituição da norma em apreço no que a este ponto se refere."[194].

Entendemos, pelo contrário, que o art. 137º, do Código do Trabalho tem uma abrangência e uma relação de especialidade relativamente ao art. 81º, do Código Civil, que não lhe deixa margem para aplicação no regime do pacto de permanência.

A via do ressarcimento proporcional ao tempo de permanência em falta pode revelar-se uma opção possível após uma fase de implementação e evolução da formação profissional. Até à maturidade do sistema de formação profissional português, pelas razões apontadas, o ressarcimento proporcional constitui uma solução pouco adequada à realidade nacional.

---

[194] Joana Vasconcelos, cit., p. 834.

Ao contrário do que defende alguma jurisprudência, entendemos que não é correto qualificar como cláusula penal o montante indicado pelas partes no pacto de permanência, que tenha sido objeto de redução a escrito, como correspondendo ao custo da formação que deverá ser devolvido em caso de desvinculação da obrigação de permanência[195].

É com fundamento na qualificação como cláusula penal, do montante a ressarcir por desvinculação do pacto de permanência, que alguma jurisprudência tem defendido a possibilidade da redução equitativa do valor correspondente às despesas avultadas exigidas em situações de desvinculação do pacto de permanência pela aplicação do disposto no art. 812º, do Código Civil.

Não existe qualquer cláusula penal no regime da permanência[196]. Aquilo que a lei estabelece é a forma de desvinculação antecipada e fixa que, para se verificar uma desvinculação antecipada da obrigação de permanência, o trabalhador tem que devolver o montante correspondente às despesas avultadas realizadas pelo empregador em formação profissional.

A obrigação de permanência constitui uma limitação à liberdade de trabalho (art. 47º, nº 1, da CRP). A lei permite que o trabalhador possa, a todo o tempo e de forma unilateral, subtrair-se da sua obrigação desde que reembolse as despesas realizadas pelo empregador (art. 137º, nº 2, do CT).

---

[195] O Ac. STJ de 13/10/2010 proferido no processo nº 185/08.8TTSTR.E1.S1 e disponível em *http://www.dgsi.pt* afirma: "A fixação prévia, por acordo das partes, da indemnização devida em caso de incumprimento contratual é o que a lei denomina cláusula penal, prevista no nº 1 do artigo 810º do Código Civil, normativo cuja aplicação ao caso não é afastada pelo disposto nos artigos 4º, nº 3, e 147º, nº 1, Código do Trabalho de 2003.". No mesmo sentido de qualificar como cláusula penal o ressarcimento do empregador vide Ac. STJ de 24/02/2010 proferido no processo nº 556/07.7TTALM.S1 e disponível em *http://www.dgsi.pt*.

[196] No mesmo sentido, Joana Vasconcelos, cit., pp. 836 e segs., cujas conclusões acompanhamos.

Ao contrário do que se passa na cláusula penal, no pacto de permanência a lei não prevê que o empregador e o trabalhador estipulem o montante máximo a ressarcir correspondente às despesas avultadas realizadas em formação profissional. No regime do pacto de permanência não há, em princípio, estipulação negocial, é a lei que fixa o critério que permite determinar, caso a caso, o montante do reembolso aplicável e fá-lo independentemente das partes terem previsto, ou não, o custo exato da formação, o qual pode não ser integralmente determinável aquando da celebração do pacto de permanência.

Há um direito potestativo consagrado no art. 137º, nº 2, do Código do Trabalho que confere a faculdade ao trabalhador de extinguir a obrigação de permanência sujeitando-se, nestas circunstâncias, o empregador à vontade do trabalhador.

Esta imposição da vontade do trabalhador, no sentido de operar a extinção dos efeitos do pacto de permanência, é concretizada mediante uma "declaração unilateral receptícia"[197] acompanhada do pagamento do montante correspondente às despesas com a formação profissional que fundaram a celebração do pacto de permanência. Caso o trabalhador desconheça, com precisão, o montante despendido pelo empregador com a sua formação profissional deverá solicitar essa informação quando opera a extinção dos efeitos do pacto de permanência e proceder ao pagamento desse montante.

O direito potestativo extintivo da obrigação de permanência produz efeitos com a comunicação do trabalhador ao empregador e não fica condicionado à devolução do montante correspondente ao investimento do empregador em formação profissional. A solução legal consagra a prevalência do interesse pessoal do trabalhador que readquire o pleno exercício do seu direito de liberdade de escolha de profissão sobre o interesse patrimonial do empregador.

Luís Menezes Leitão defende que a restituição dos montantes investidos pelo empregador com a formação profissional dos seus traba-

---

[197] Batista Machado, Introdução ao Direito e ao Discurso Legitimador, p. 90.

lhadores "far-se-á pelo montante nominal das importâncias recebidas, não havendo lugar ao pagamento de juros nem a qualquer atualização pecuniária"[198].

No nosso ponto de vista, esta conclusão decorre da natureza do regime do pacto de permanência que constitui uma exceção ao princípio da liberdade de trabalho e que, para além da restituição do montante investido em formação profissional, não prevê qualquer penalização adicional para o trabalhador decorrente da desvinculação do pacto de permanência.

Contudo, haverá lugar ao pagamento de juros a partir do momento em que o trabalhador declara desobrigar-se do pacto de permanência, tem os elementos para efetuar a devolução dos montantes correspondentes ao investimento do empregador na sua formação profissional e, ainda assim, não procede à entrega do montante devido. Nesta situação, os juros contam-se a partir da data em que o trabalhador tem a informação que lhe permite efetuar a restituição do montante despendido pelo empregador na sua formação profissional, sendo esse o momento do nascimento da obrigação na sua esfera jurídica.

2. O não cumprimento da obrigação de permanência

O ressarcimento do montante correspondente às despesas avultadas efetuadas pelo empregador com a formação profissional do trabalhador não constitui o limite da responsabilidade deste em caso de não cumprimento do pacto de permanência.

O não cumprimento do pacto de permanência verifica-se com a não realização da obrigação pactada.

O incumprimento do pacto de permanência por parte do trabalhador corresponde à sua desvinculação em violação da obrigação de permanência com a necessária insatisfação do interesse do empregador.

---

[198] Luís Manuel Teles de Menezes Leitão, Direito do trabalho, p. 405

A cessação do contrato de trabalho por parte do trabalhador, existindo uma obrigação de permanência, constitui um ato que o trabalhador deveria abster-se de praticar pois o pacto de permanência institui uma obrigação que tem por objeto uma prestação negativa.

Os efeitos da falta de cumprimento do pacto de permanência traduzem-se na obrigação do trabalhador indemnizar os prejuízos causados ao empregador.

A violação do pacto de permanência, na medida em que constitui incumprimento contratual, dá lugar a "indemnização por danos causados pela inobservância (...) de obrigação assumida em pacto de permanência" nos termos do disposto no art. 401º, do Código do Trabalho. Este preceito impõe ao trabalhador a obrigação de indemnizar os prejuízos causados pela inobservância da obrigação assumida em pacto de permanência.

O art. 401º, do Código do Trabalho concretiza, relativamente ao pacto de permanência, a regra geral constante do art. 323º, do Código do Trabalho que estatui: "A parte que faltar culposamente ao cumprimento dos seus deveres é responsável pelo prejuízo causado à contraparte.".

O art. 323º, do Código do Trabalho corresponde, no direito do trabalho, à norma constante do art. 798º, do Código Civil[199].

Como ensina Antunes Varela a propósito do art. 798º, do Código Civil mas aqui plenamente aplicável: "Este prejuízo compreende tanto o dano emergente como o lucro cessante (art. 564º) – todo o interesse contratual positivo, na hipótese da obrigação provir de contrato – e é determinado em função dos danos concretamente sofridos pelo credor. A prestações perfeitamente iguais podem, assim, corresponder indemnizações absolutamente distintas, desde que sejam diferentes os danos causados pelo não cumprimento a um e a outro dos credores."[200].

---

[199] O art. 798º, do CC diz: "O devedor que falta culposamente ao cumprimento da obrigação torna-se responsável pelo prejuízo que causa ao credor.".
[200] João de Matos Antunes Varela, Das obrigações em geral, p. 93.

O incumprimento do pacto de permanência não tem como efeito a obrigatoriedade de cumprimento da prestação de trabalho mas a de indemnizar a organização por esse incumprimento. Verificado o incumprimento e os pressupostos da obrigação de indemnizar por parte do trabalhador, este tem que reparar os danos causados ao empregador com esse inadimplemento (art. 401º, do CT)[201] onde se incluem os montantes correspondentes ao valor avultado da formação profissional realizada.

Os tribunais do trabalho constituem a jurisdição competente para apreciar a responsabilidade do trabalhador decorrente do incumprimento da obrigação de permanência na medida em que se trata de uma questão emergente de relação de trabalho.

A ação de indemnização fundada na responsabilidade contratual do trabalhador pressupõe o não cumprimento do dever de abstenção da denúncia do contrato de trabalho decorrente do pacto de permanência e que essa denúncia não configura uma desvinculação antecipada do pacto de permanência, a culpa do trabalhador, a existência de dano na esfera jurídica do empregador e o nexo causal entre o facto e o dano.

O ónus da prova relativamente ao não cumprimento do dever de permanência, aos danos causados e ao nexo de causalidade entre o não cumprimento e os danos causados cabe ao empregador[202]. Aplicam-se as regras gerais quanto ao ónus da prova consagradas nos arts. 342º e segs., do Código Civil.

---

[201] No Ac. STJ de 30-06-2011 proferido no processo nº 2779/07.0TTLSB.L1.S1 e disponível em *http://www.dgsi.pt* pode ler-se: "O trabalhador que denuncie o contrato de trabalho antes de esgotado o período de permanência a que se vinculou torna-se responsável pela reparação do prejuízo causado ao empregador.". No mesmo sentido, Ac. RP de 27-04-2006 proferido no processo 0516058 e disponível em *http://www.dgsi.pt*.

[202] O Ac. STJ de 24-02-2010 proferido no processo nº 556/07.7TTALM.S1 e disponível em *http://www.dgsi.pt* a propósito do pacto de permanência diz: "o valor a considerar, em caso de desoneração, é o valor correspondente às despesas realmente efetuadas e demonstradas (...)".

Quanto à questão da culpa, cabe ao trabalhador demonstrar que o incumprimento não decorre de culpa sua como resulta do disposto no art. 799º, nº 1, do Código Civil.

Sem prejuízo das regras enunciadas quanto ao ónus da prova, no processo do trabalho vigora o princípio da aquisição processual e o princípio do inquisitório. O juiz não se encontra limitado "pelos factos alegados e provados pela parte sobre a qual recai o ónus da prova"[203]. Por um lado, fundamentam a decisão os factos considerados relevantes independentemente da parte que produz prova sobre os mesmos – princípio da aquisição processual – sendo, ainda, comuns "as situações em que o juiz se sobrepõe ou complementa a atividade das partes"[204] procurando, autonomamente, a verdade material – princípio do inquisitório.

Na ação de indemnização fundada na responsabilidade contratual do trabalhador, a prova pode não resultar da atuação processual do empregador mas ser produzida pelo trabalhador ou decorrer da iniciativa do juiz, "mesmo que a parte não adote o comportamento de provar certo facto que lhe interessa, pode não sofrer a desvantagem inerente, desde que essa prova tenha sido efetuada pela contraparte ou resulte de iniciativas do próprio juiz."[205].

A lei equipara à denúncia as situações de abandono do trabalho o qual consiste na ausência do trabalhador do serviço, desde que acompanhada de factos que, com toda a probabilidade, revelem a intenção de não o retomar (art. 403º, do CT).

A empresa pode presumir que há abandono do trabalho quando a ausência do trabalhador se prolongar por, pelo menos 10 dias úteis seguidos, sem que tenha existido uma comunicação ao empregador explicando o motivo dessa ausência.

---

[203] Nuno Manuel Pinto Oliveira, Estudos sobre o não cumprimento das obrigações, p. 76.
[204] Álvaro Lopes-Cardoso, Manual de processo do trabalho, p. 48.
[205] Rita Lynce de Faria, A inversão do ónus da prova no direito civil português, p. 14.

O abandono do trabalho, para além de ser equiparado à denúncia com as consequências acima expostas, em caso de vinculação a obrigação de permanência, obriga o trabalhador a pagar uma indemnização ao empregador por incumprimento do aviso prévio. O valor desta indemnização é, no mínimo, igual à retribuição base e diuturnidades correspondentes ao período de aviso prévio em falta, sendo aplicável o respetivo regime jurídico constante do art. 401º do Código do Trabalho *ex vi* do disposto no art. 403º, nº 5, do Código do Trabalho.

Uma nota final para se analisar a recusa ilegítima do trabalhador em desenvolver as funções decorrentes da formação profissional de que foi beneficiário numa situação em que também tenha sido celebrado um pacto de permanência.

Após o investimento em formação profissional, o trabalhador irá, à partida, desenvolver funções na organização que incorporem o resultado dessa formação. Existe um acordo, expresso ou tácito, no sentido de que, finda a formação, a atividade do trabalhador passe a refletir esse esforço formativo que decorreu de uma necessidade objeto de diagnóstico e planificação da organização.

O empregador deve atribuir ao trabalhador no âmbito da atividade para a qual se encontra contratado, "as funções mais adequadas às suas aptidões e qualificação profissional." (art. 118º, nº 1, do CT).

Se o trabalhador que beneficiou da formação profissional e que se vinculou à obrigação de permanência pela celebração do respetivo pacto de permanência se recusar a desenvolver as funções ou a atividade objeto de formação incumpre o contrato de trabalho e não o pacto de permanência.

Com esse comportamento o trabalhador obsta que a organização possa tirar partido do investimento realizado em formação, incumpre o dever de prestar a atividade contratada recusando-se a realizar as funções para as quais recebeu formação profissional adequada e pratica uma infração disciplinar que pela sua gravidade e consequências pode tornar impossível a subsistência da relação de trabalho conduzindo ao seu despedimento com justa causa.

Capítulo III
Relação entre pacto de permanência e dever de formação

O pacto de permanência tem uma ligação umbilical à formação profissional na medida em que a realização de despesas avultadas com a formação profissional de trabalhadores constitui o pressuposto material da figura do pacto de permanência.

Sem formação profissional não existe pacto de permanência. Contudo, não é toda a formação profissional que pode fundar um pacto de permanência.

Como vimos, aquando da análise dos requisitos do pacto de permanência, apenas as despesas avultadas em formação profissional de trabalhadores, realizadas pelo empregador, são elegíveis para efeitos de celebração de pacto de permanência. A formação de permanência é uma formação qualificada em termos de custo porque pressupõe a realização de despesas avultadas por parte do empregador.

Entre os deveres que a lei do trabalho impõe ao empregador, encontra-se o dever de contribuir para a elevação da produtividade e empregabilidade do trabalhador, nomeadamente promovendo formação profissional para, através desta, aumentar a produtividade e a competitividade da organização (arts. 127º, nº 1, al. d) e 131º, nº 1, al. a), do CT).

A concretização do dever de formação a cargo do empregador traduz-se na obrigação, legalmente estabelecida, do empregador assegurar em cada ano, a pelo menos, 10% dos seus trabalhadores, um número mínimo de horas de formação profissional.

Esta formação se tiver representado para o empregador uma despesa avultada pode dar origem a um pacto de permanência. A formação promovida pelo empregador no âmbito do dever de formação, e a formação de permanência, apta a fundar um pacto de permanência, não se contrapõem ou excluem. Toda a formação que tenha constituído uma despesa avultada é suscetível de beneficiar do único mecanismo que permite ao empregador proteger esse investimento – o pacto de permanência. É pelo critério do custo, e não qualquer outro, que a lei separa dentro da formação contínua aquela formação que pode, ou não, fundar uma obrigação de permanência.

A formação de permanência pode abranger a formação decorrente do dever geral de formação se esta tiver representado um custo avultado para o empregador que a suportou. A natureza da formação promovida pelo empregador no âmbito do dever de formação e da formação de permanência é idêntica. Ambas as formações ocorrem durante o vínculo laboral e visam a aquisição e desenvolvimento de qualificações e competências que serão utilizadas pelo trabalhador na sua atividade profissional. A formação de permanência e a decorrente do dever de formação inserem-se dentro da formação contínua.

O pacto de permanência possui uma abrangência que engloba e transcende o dever de formação que impende sobre o empregador. Ou seja, a sua aplicabilidade está para além do dever geral de formação podendo ser utilizado sempre que se verifique formação profissional a cargo do empregador que tenha tido um custo avultado.

No entanto, pode ser no âmbito do dever geral de formação que o pacto de permanência venha a ter um incremento de aplicabilidade, verificando-se os respetivos pressupostos. De facto, o dever geral de formação é transversal a todos os contratos de trabalho sendo poucas as situações em que o empregador se encontre desobrigado de promover a formação dos seus trabalhadores.

Ao contrário do que acontece em Espanha, não existe formação profissional contínua de diferente natureza que permita defender uma divisão entre a formação profissional elegível para o pacto de permanência e aquela que não pode fundar essa obrigação de permanência. O único critério para distinguir a formação elegível e não elegível para basear a obrigação de permanência é o seu custo. Se o custo for avultado a formação promovida pelo empregador pode ser protegida por pacto de permanência, se o custo não for avultado a figura do pacto de permanência não pode ser utilizada.

Pelo exposto, não se afigura correto fazer depender a aplicação do pacto de permanência de quaisquer despesas extraordinárias ou excecionais por contraposição às despesas ordinárias que decorrem da realização do dever de formação e que nunca dariam lugar à celebração de uma obrigação de permanência[206]. A introdução da dicotomia virtual, que se traduz na contraposição das despesas ordinárias às despesas extraordinárias, em matéria de formação profissional introduz um elemento subjetivo, não previsto na lei que gera uma indesejável insegurança jurídica[207].

---

[206] Em sentido contrário, vide Ac. RL de 22/09/2004 proferido no processo 1431/2004 e disponível em *http://www.dgsi.pt* que, no âmbito da LCT, decidiu: "A licitude da cláusula penal prevista no art. 36º, nº 3, da LCT (DL 49.408 de 24/11/69) está dependente da realização de despesas extraordinárias com a formação do trabalhador por parte da entidade patronal, que não correspondam ao dever genérico que impende sobre os empregadores de contribuírem para a elevação do nível de produtividade dos seus trabalhadores ou de lhes proporcionarem meios de formação e de aperfeiçoamento profissional (arts. 19º, al. d) e 42º, nº 1, da LCT).".

[207] Como exemplo paradigmático dos riscos referidos, vide Ac. RE de 09/02/2010 proferido no processo 185/08.8 TTSTR.E1 e disponível em *http://www.dgsi.pt* onde se afirma: "Perante este panorama, não parece que as despesas da formação ministrada ao R. devam ter-se por extraordinárias, antes se inserindo no âmbito do dever que ao empregador incumbe por força do já referido art. 120º, nº 1, al. d), do C.T.. Extraordinária terá sido a decisão da R. proceder à renovação da sua frota, e extraordinárias terão sido também as despesas que acarretou a aquisição de novas aeronaves. A partir daí, as despesas inerentes à utilização comercial desses aparelhos, em que se incluem não só a necessária formação das tripulações, como quaisquer outras que respeitem à operacionalidade daqueles, devem considerar-se ordinárias, porque se inserem já no normal funcionamento da empresa que é subsequente à decisão tomada no sentido de renovação da frota."

O pacto de permanência existe e tem validade em função dos investimentos avultados realizados pelo empregador em formação profissional.

A obrigação de permanência surge como contraponto e garantia do investimento realizado em formação. O investimento em formação profissional é imposto por lei mas constitui, também, uma necessidade das sociedades modernas e das respetivas organizações que a planificam e executam. Para além disso, constitui uma ambição de muitos trabalhadores que são motivados pelo desenvolvimento profissional decorrente da formação.

As organizações serão tão mais eficazes e competitivas quanto melhor for a formação do seu capital humano.

Neste contexto, em que para a organização a formação profissional tende a ser mais do que o cumprimento de um dever legal, assumindo a relevância de fator de competitividade, a organização necessita de um instrumento que lhe permita reter talentos e competências cuja promoção e desenvolvimento resultaram de investimentos e planeamentos realizados pela própria organização.

Pode verificar-se uma relação direta entre a realização de ações de formação profissional e a mobilidade externa dos trabalhadores que dela beneficiem. A aquisição de qualificações por via da formação profissional pode ter como efeito o incremento da sua mobilidade externa favorecendo a obtenção de melhores empregos no mercado de trabalho. Um dos efeitos não desejados pela organização promotora da formação profissional seria um aumento da rotação no mercado de trabalho dos trabalhadores beneficiários de formação profissional que constituiria uma consequência positiva ao nível individual mas negativa e desencorajadora da promoção de formação profissional para o empregador que tenha a iniciativa de a desenvolver pois pode levar à saída do beneficiário da formação profissional da empresa.

Este efeito de aumento de mobilidade externa dos trabalhadores beneficiários de ações de formação profissional pode funcionar como desincentivador do investimento em formação profissional pelas organizações que, não recorrendo a mecanismos que permitem reter o trabalhador durante um período de tempo limitado, subsequente à realização da formação, nos seus quadros se veriam impedidos de beneficiar do retorno do investimento realizado.

Pelo exposto, uma primeira dimensão da obrigação de permanência constitui a defesa do interesse do empregador que suportou o custo avultado da formação. É esse interesse individual e imediato que a figura do pacto de permanência visa primeiramente garantir face à liberdade de denúncia do contrato de trabalho pelo trabalhador.

Contudo, existe uma outra dimensão, mais ampla do pacto de permanência que decorre da sua integração no regime jurídico da formação profissional.

Embora, por razões sistemáticas, o pacto de permanência seja tratado a propósito das cláusulas acessórias ao contrato de trabalho, do ponto de vista material é uma cláusula que integra o regime jurídico da formação profissional que constitui pressuposto da sua aplicação.

Essa dimensão de maior amplitude decorre da função que o pacto de permanência tem, em abstrato, no sistema da formação profissional. O pacto de permanência é a figura que garante a permanência do trabalhador que realizou formação profissional custeada pela organização ou que, incumprindo-se a obrigação de permanência, garante o ressarcimento do empregador pelos custos avultados incorridos com a formação profissional.

O pacto de permanência confere segurança à formação profissional realizada pelo empregador, nomeadamente à realizada no âmbito do dever geral de formação.

Esta função de garantia do pacto de permanência relativamente ao investimento em formação profissional do empregador faz com que esta figura promova, em abstrato, esse mesmo investimento e, consequentemente, o desenvolvimento da formação profissional o qual é determinante para alcançar desenvolvimento económico e promoção da empregabilidade.

É esta dimensão do pacto de permanência enquanto interesse coletivo que assegura a sua constitucionalidade em face do art. 47º, da Constituição da República Portuguesa.

A relação entre formação profissional e pacto de permanência sempre existiu porque a formação profissional está na génese do pacto de permanência. Contudo, é com o surgimento do dever de formação que a figura do pacto de permanência assumiu uma importância inequívoca no regime da formação profissional tornando clara a sua integração no regime jurídico da formação profissional e a sua dimensão de proteção de interesse coletivo.

CONCLUSÕES

Como nota final de tudo quanto ficou escrito, cumpre referir as seguintes conclusões decorrentes da relação estreita entre o dever de formação e o pacto de permanência.

O Código do Trabalho de 2009 visou aperfeiçoar o dever geral de formação a cargo do empregador cujo cujo regime foi originalmente definido pelo Código do Trabalho de 2003.

O legislador de 2009 procurou seguir o caminho apontado no Livro Verde sobre as Relações Laborais e no Livro Branco para as Relações Laborais de promoção da formação profissional e aumento da qualificação.

As opções adotadas pelo legislador do Código do Trabalho de 2009 decorrem da análise do período de vigência inicial do regime que permitiu o confronto das soluções introduzidas no Código do Trabalho de 2003 com a prática.

Para além do aperfeiçoamento do dever geral de formação e do aumento da qualificação, o Código do Trabalho de 2009 introduziu o objetivo de aumentar a empregabilidade. Nessa medida, o Código de 2009 aditou como dever do empregador a promoção da empregabilidade do trabalhador indicando expressamente como meio de concretização desse dever a formação profissional contínua (art. 127º, nº 1, alínea d), art. 131º, nº 1, alínea a), art. 302º, nº 1 e art. 305º, nº 5, todos do CT).

Numa época de crise económica e de subida da taxa de desemprego, a empregabilidade assume uma relevância que justifica a sua inclusão entre os deveres do empregador. Neste contexto, a formação profissional contínua é expressamente indicada como um meio para alcançar a empregabilidade.

O legislador adotou uma conceção de empregabilidade de dupla responsabilização, que inclui a responsabilidade do empregador pela promoção da empregabilidade dos seus trabalhadores através do desenvolvimento da formação contínua, por via do dever de formação, afastando-se da perspetiva estritamente individual da empregabilidade que responsabiliza apenas os trabalhadores pelo desenvolvimento da sua carreira profissional e pela conservação do posto de trabalho.

O RJSNQ cuja vigência antecedeu a revisão de 2009 do Código do Trabalho, concebeu a formação contínua tendo como finalidade o reforço da empregabilidade dos trabalhadores (art. 3º, al. g), do RJSNQ) constituindo objetivos do SNQ contribuir "para a empregabilidade" (art. 2º, nº 1, al. o), do RJSNQ).

O SNQ precedeu a revisão de 2009 do Código do Trabalho e influenciou decisivamente as alterações introduzidas por esta no dever geral de formação.

Da análise do regime do dever geral de formação verifica-se uma harmonização terminológica e conceptual que resulta numa coerência entre o Regime Jurídico do Sistema Nacional de Qualificações e o Código do Trabalho.

A ligação entre os referidos diplomas resulta inequívoca da expressa remissão para o regime jurídico do SNQ realizada pelo art. 131º, nº 3, do CT no âmbito do dever geral de formação.

Por outro lado, a referência às expressões: Sistema Nacional de Qualificações (art. 131º, nº 3, do CT) caderneta individual de competências (art. 131º, nº 3, do CT); processo de reconhecimento, validação e certificação de competências (art. 131º, nº 4 e 7, do CT); entidade formadora certificada (art. 131º, nº 3, do CT); dupla certificação (art. 131º, nº 7, do CT) e formação certificada (art. 275º, nº 1, al. a), do CT), constitui a incorporação na versão de 2009 do Código do Trabalho de expressões técnico-jurídicas a que corresponde um significado específico instituído pelo RJSNQ o que configura uma ligação entre o SNQ e o Código do Trabalho.

Finalmente, um dos objetivos do SNQ é "promover a efetividade do direito individual dos trabalhadores à formação anual certificada" (art. 2º, nº 1, alínea h), do RJSNQ) cuja consagração e regime consta no Código do Trabalho, pelo que existe uma complementaridade de objetivos entre os dois diplomas.

A revisão do Código do Trabalho de 2009 e o diálogo com o RJSNQ revela um conceito de formação profissional contínua amplo que é apto a constituir o pressuposto conceptual de todo o regime geral do dever de formação, dos regimes especiais do dever de formação e de figuras, como o pacto de permanência e o pacto de não concorrência, cujo regime implica uma definição exata do conceito de formação profissional.

O RJSNQ define formação profissional contínua como "a atividade de educação e formação empreendida após a saída do sistema de ensino ou após o ingresso no mercado de trabalho que permita ao indivíduo aprofundar competências profissionais e relacionais, tendo em vista o exercício de uma ou mais atividades profissionais, uma melhor adaptação às mutações tecnológicas e organizacionais e o reforço da sua empregabilidade.".

Trata-se de uma definição muito ampla que, no entanto, é concretizada, quanto aos objetivos prosseguidos, pelo Código do Trabalho. Assim, a definição constante do Regime Jurídico do Sistema Nacional de Qualificações é concretizada pelo art. 130º, do Código do Trabalho que indica, de forma igualmente ampla, que os objetivos da formação profissional a ser seguidos pelo empregador, são: i) Proporcionar qualificação inicial a jovem que ingresse no mercado de trabalho sem essa qualificação; ii) Assegurar a formação contínua dos trabalhadores da empresa; iii) Promover a qualificação ou reconversão profissional de trabalhador em risco de desemprego; iv) Promover a reabilitação profissional de trabalhador com deficiência, em particular daquele cuja incapacidade resulta de acidente de trabalho; v) Promover a integração sócio-profissional de trabalhador pertencente a um grupo com particulares dificuldades de inserção.

A formação profissional a que o art. 130º, do CT se refere é a formação contínua que se desenvolve no âmbito do contrato de trabalho e cujo custo é suportado pelo empregador.

Esta interpretação confere contudo útil ao art. 130º, do CT no confronto com o art. 6º, nº 2, da L. nº 7/2009 de 12 de fevereiro, diploma que aprova a revisão do Código do Trabalho.

Assim, este conceito de formação profissional deve ser conjugado com o art. 130º, do CT sendo plenamente aplicável no âmbito do Código do Trabalho. Pelo que se pode afirmar existir apenas um conceito de formação profissional aplicável no âmbito do Código do Trabalho.

O CT de 2009 ampliou a natureza da formação qualificada como formação contínua para efeitos do cumprimento do dever de formação.

O legislador de 2009 alargou aos estabelecimentos de ensino reconhecidos pelo ministério competente a competência para ministrar formação profissional (art. 131º, nº 3, do CT). O legislador aumentou significativamente o número de entidades que podem ministrar formação contínua ao incluir, agora, os estabelecimentos de ensino reconhecidos pelo ministério competente.

A formação ministrada por estabelecimentos de ensino tem natureza e conteúdos distintos da formação ministrada pelo empregador ou por entidade certificada, não concorre com estes, complementa-os e, consequentemente, amplia a natureza da formação qualificada como contínua.

A ampliação da formação, incluindo os estabelecimentos de ensino reconhecidos pelo ministério competente como entidades aptas a ministrar formação, teve como efeito a aplicação do regime de trabalhador-estudante às horas de dispensa de trabalho para frequência de aulas e de faltas para prestação de provas de avaliação bem como as ausências a que haja lugar no âmbito de processo de reconhecimento, validação e certificação de competências.

Neste contexto, o legislador de 2009 alterou a noção de trabalhador-estudante passando a considerar-se trabalhador-estudante o trabalhador que frequenta qualquer nível de educação escolar, bem como curso de pós-graduação, mestrado ou doutoramento em instituição de ensino, ou ainda curso de formação profissional ou programa de ocupação temporária de jovens com duração igual ou superior a seis meses.

Na versão de 2003 do Código do Trabalho, a noção de trabalhador-estudante não abrangia a formação profissional.

As alterações ao regime da formação que redefiniram a formação profissional nos contratos por tempo indeterminado e nos contratos a termo, embora constituam meros acertos de regime, constituíram modificações que tiveram como efeito alargar o número de trabalhadores com direito a formação.

No que respeita aos trabalhadores com vínculo por tempo indeterminado desapareceu a limitação que se traduzia na obrigatoriedade de se completarem seis meses de duração do contrato de trabalho como condição para o trabalhador adquirir direito à formação.

Cada trabalhador tem direito, em cada ano civil, a trinta e cinco horas de formação. No ano da contratação, se o início do vínculo laboral não coincidir com o início do ano civil, o trabalhador terá direito ao período proporcional de horas de formação, as quais serão utilizadas quando se revelar mais conveniente.

No que respeita aos trabalhadores com contrato de trabalho a termo, reduziu-se de seis para três meses o período de tempo de duração efetiva do contrato de trabalho, para que o trabalhador adquira o direito a beneficiar de formação profissional proporcional à duração do contrato nesse ano. Esta alteração alargou o número de trabalhadores abrangidos pelo dever geral de formação (art. 131º, nº 2, do CT).

O legislador de 2009 introduziu a possibilidade de ser diferida a formação até dois anos. Trata-se de uma solução que não existia na redação do Código do Trabalho de 2003, onde se previa apenas a antecipação, até ao máximo de 3 anos, do número de horas anuais de formação.

Em 2009, o legislador reduziu num ano o período de antecipação relativamente à anterior redação e permitiu um diferimento por igual período. Todavia, o período de antecipação é de cinco anos, no caso de frequência de processo de reconhecimento, validação e certificação de competências ou de formação que confira dupla certificação. Estas soluções que permitem antecipar e diferir a forma-ção profissional introduzem flexibilidade no seu regime e constituem um elemento potenciador do seu uso (art. 131º, nº 6 e 7, do CT).

No âmbito do dever de formação, o Código do Trabalho de 2009, favorece o acesso a formação profissional, através de uma melhor regulamentação do crédito de horas para formação contínua: assim, as horas de formação anual que não sejam asseguradas pelo empregador até ao termo dos dois anos posteriores ao seu vencimento, transformam-se em crédito de horas em igual número para formação por iniciativa do trabalhador; o crédito de horas para formação é referido ao período normal de trabalho, confere direito a retribuição e conta como tempo de serviço efetivo; o trabalhador pode utilizar o crédito de horas para a frequência de ações de formação certificada, mediante comunicação ao empregador com a antecedência mínima de 10 dias; por instrumento de regulamentação coletiva de trabalho ou acordo individual, pode ser estabelecido um subsídio para pagamento do custo da formação, até ao valor da retribuição do período de crédito de horas utilizado; em caso de cumulação de créditos, a formação realizada é imputada ao crédito vencido há mais tempo; o crédito de horas que não seja utilizado cessa passados três anos sobre a sua constituição.

Pelo exposto, podemos concluir que as alterações ao regime jurídico que regula o dever geral de formação introduzidas pela versão de 2009 do Código do Trabalho têm como consequência criar condições para potenciar o incremento significativo da formação profissional.

Ao criar condições que potenciam o desenvolvimento da formação, o legislador potencia o incremento de utilização do pacto de permanência.

O pacto de permanência é uma figura presente há várias décadas no nosso direito do trabalho e que tem mantido, durante todo esse período, uma estabilidade ao nível do regime.

O pacto de permanência tem sido uma figura de utilização pouco frequente, considerando a escassa elaboração jurisprudencial sobre a mesma desde a sua consagração no nosso ordenamento jurídico.

As alterações que a figura do pacto de permanência sofreu nas quatro versões legais que, sucessivamente, regularam a matéria constituíram ajustes de forma, mantendo-se imutáveis os aspetos essenciais da figura desde a sua consagração original.

Assim, uma utilização mais frequente da figura apenas pode ser potenciada através do desenvolvimento da formação profissional porque a formação profissional constitui o pressuposto material da figura do pacto de permanência.

Sem formação profissional não existe pacto de permanência na medida em que este pressupõe investimentos avultados realizados pelo empregador em formação profissional dos seus trabalhadores e tem como fundamento garantir o retorno desses investimentos.

Na medida em que a Constituição da Republica Portuguesa consagra a liberdade de escolha da profissão (art. 47º, nº 1, da CRP), direito fundamental que integra o conjunto dos direitos, liberdades e garantias e o pacto de permanência constitui uma cláusula restritiva da liberdade de trabalho, coloca-se a questão da sua admissibilidade constitucional.

A Constituição, de forma expressa, prevê, no nº 1, do art. 47º, a existência de "restrições legais impostas pelo interesse coletivo ou inerentes à sua própria capacidade".

A primeira restrição constitucional decorre do interesse coletivo. Interesse coletivo envolve uma escolha ou seleção entre interesses diversos, ou entre diversas situações de interesses, tendo em vista a prevalência entre eles para que a preterição de uns funcione como instrumentos de promoção de outros.

A defesa do investimento avultado do empregador em formação profissional de um seu trabalhador, que constitui uma das dimensões do pacto de permanência, corresponde à defesa de um interesse individual, logo insuscetível de fundamentar a restrição à liberdade de escolha de profissão.

Contudo, o pacto de permanência tem uma dimensão que transcende a dimensão individual da defesa do interesse do empregador. O pacto de permanência integra o regime da formação profissional e não tem aplicação fora desse mesmo regime. Integrado no regime da formação profissional o pacto de permanência é um instrumento de garantia para os empregadores dos investimentos avultados que realizam em formação profissional.

Neste sentido, o pacto de permanência cumpre um interesse coletivo na medida em que promove a formação profissional pois ao defender o investimento avultado em formação profissional garante a segurança desse investimento assegurando, tendencialmente, o retorno do mesmo através da permanência do trabalhador. Trata-se de uma figura que gera confiança e promove, por essa via, o desenvolvimento da formação profissional o que constitui um interesse genérico dos trabalhadores.

O pacto de permanência é uma restrição legal à liberdade de trabalho imposta pelo interesse coletivo.

Ao desenvolver o regime de formação profissional, nomeadamente permitindo que a formação seja ministrada por estabelecimento de ensino reconhecido pelo ministério competente, o legislador potencia o seu crescimento.

O pacto de permanência constitui um instrumento determinante e sem paralelo para o incremento da formação profissional protegendo e garantindo a permanência na organização e o investimento do empregador a quem foi atribuído o ónus legal, e financeiro, de garantir uma parte da formação profissional dos respetivos trabalhadores. Com efeito, o empregador acederá mais facilmente a suportar os custos da formação profissional dos seus trabalhadores se tiver a garantia de beneficiar das competências acrescidas resultantes dessa formação, garantia esta que o pacto de permanência oferece.

Existe, assim, uma complementaridade entre a formação profissional e o pacto de permanência quanto aos seus efeitos na promoção da formação profissional.

Uma das conclusões do presente estudo é a de que as alterações ao dever geral de formação profissional têm como efeito potenciar a utilização do pacto de permanência tendo sido criadas condições, com a alteração do código de 2009, para que o pacto de permanência passe a ser uma figura de utilização mais frequente. Por seu turno, o pacto de permanência constitui um instrumento que pode promover o incremento da formação profissional protegendo e garantindo a permanência na organização do trabalhador beneficiário da formação e o investimento em formação do empregador.

Por fim, e como consequência do exposto, fica demonstrado que o pacto de permanência constituindo uma cláusula de limitação da liberdade de trabalho é um elemento que se integra no regime jurídico da formação profissional sem autonomia fora desse mesmo regime.

Anexo
Formulários

I. Plano de formação profissional

Plano de formação profissional para o(s) ano(s) de ...

1. Caracterização da organização
(...)

2. Diagnóstico das necessidades formativas
   2.1 Necessidades da organização
   (...)
   2.2 Necessidades dos trabalhadores
   (...)

3. Plano de formação profissional
   3.1 Objetivos do plano de formação
   (...)
   3.2 Planeamento da formação
      3.2.1 Definição das ações de formação a empreender
      (...)
      3.2.2 Definição dos destinatários da formação
      (...)
      3.2.3 Custo das ações de formação
      (...)
      3.2.4 Comunicação do plano de formação aos trabalhadores e seus representantes
      (...)
      3.2.5 Operacionalização do plano – Quadros resumos

Nome do trabalhador	Ação de formação	Entidade formadora	Objetivos	Custo

ANEXO – FORMULÁRIOS

Nome do trabalhador	Local da formação	Horário da formação	Duração Total (Horas)	Datas da formação

4. Método de avaliação do processo formativo
(...)

5. Conclusão
(...)

Fazem parte integrante deste plano de formação, os seguintes anexos:
(...)

Local e data

Ass._____

ANEXO – FORMULÁRIOS

II. Anexo C – Relatório Anual da Formação Contínua (Relatório único)

III. Promessa de contrato de trabalho com pacto de permanência

Entre:

Firma da sociedade empregadora, número único de matricula e de pessoa coletiva (...), com sede na Rua (...), representada por (...), na qualidade de (...), doravante designada por **Primeira Contraente**

e

Nome Completo do trabalhador, contribuinte nº (...), residente na Rua (...), doravante designado por **Segundo Contraente** ou **trabalhador**

É de boa fé celebrado e reciprocamente aceite, nos termos e para os efeitos do disposto no Código do Trabalho, o presente contrato promessa de trabalho por tempo indeterminado, que se regerá pelas cláusulas seguintes:

Cláusula Primeira
(Objeto, Categoria Profissional e Funções)

1. A Primeira Contraente promete admitir, ao seu serviço, o Segundo Contraente para, no âmbito da atividade daquela, desempenhar as funções inerentes à categoria profissional de (...).

2. O Segundo Contraente promete exercer por conta e sob a autoridade e direção da Primeira Contraente as funções inerentes à categoria profissional de (...) no desenvolvimento das quais reportará ao diretor Geral, e nas quais se incluem, entre outras, as seguintes atividades:
   a) (...)
   b) (...)
   c) (...)

Cláusula Segunda
(Local de Trabalho)

1. O local de trabalho do Segundo Contraente localizar-se-á nas instalações da Primeira Contraente, ou noutras onde esta preste serviços ou leve a cabo a sua atividade, situadas na cidade de (...).

2. O Segundo Contraente terá que deslocar-se e permanecer no estrangeiro sempre que tal se revelar necessário ao desempenho as suas funções e lhe for indicado pela Primeira Contraente com a antecedência razoável.

Cláusula Terceira
(Período Normal de Trabalho)

O período normal de trabalho semanal da Segunda Contraente será de 40 horas, sendo o período normal de trabalho diário de 8 horas.

Cláusula Quarta
(Retribuição)

1. Como contrapartida do trabalho prestado, será paga, ao Segundo Contraente, até ao último dia útil de cada mês, a retribuição mensal ilíquida de € (...) (*extenso*).

2. Ao trabalhador será pago um subsídio de refeição por cada dia efetivo e completo de trabalho no montante de € (...) (*extenso*).

Cláusula Quinta
(Pacto de permanência)

1. A Primeira Contraente irá pagar ao Segundo Contraente o curso (...) que terá um custo de € (...) (*extenso*), conforme plano do curso e orçamento que se junta como anexo I ao presente acordo.

2. Por força do investimento em formação profissional a realizar pela Primeira Contraente, o Segundo Contraente obriga-se a não denunciar o seu contrato de trabalho e permanecer na organização durante um período de um ano, entre *dd/mm/aa* e *dd/mm/aa*.

3. O trabalhador poderá, a todo o tempo, desobrigar-se do cumprimento do presente acordo restituindo o montante de € (...) (*extenso*) correspondente ao custo da formação assegurada pela Primeira Contraente.

Cláusula Sexta
(Confidencialidade)

1. As partes obrigam-se a manter sigilo sobre o presente acordo, as negociações que o precederam e as informações trocadas até à formalização do contrato prometido.

2. O dever de confidencialidade relativamente às informações trocadas entre as partes não cessa com a celebração do contrato prometido.

Cláusula Sétima
(Contrato prometido)

O contrato prometido vigorará a partir do inicio do próximo mês de (...) e será celebrado até essa data.

Este contrato é assinado em dois exemplares, cada um deles valendo como original, que serão entregues um a cada um dos Contraentes.

Local e data

Pela Primeira Contraente   Segundo Contraente

IV. Contrato de trabalho por tempo indeterminado com cláusula de permanência

Entre:

Firma da sociedade empregadora, número único de matricula e de pessoa coletiva (...), com sede na Rua (...), representada por (...), na qualidade de (...), doravante designada por **Primeira Contraente**

e

Nome Completo do trabalhador, contribuinte nº (...), residente na Rua (...), doravante designado por **Segundo Contraente** ou **trabalhador**

É de boa fé celebrado e reciprocamente aceite, nos termos e para os efeitos do disposto no Código do Trabalho, o presente contrato de trabalho por tempo indeterminado, que se regerá pelas cláusulas seguintes:

Cláusula Primeira
(Objeto, Categoria Profissional e Funções)

1. A Primeira Contraente admite, ao seu serviço, o Segundo Contraente para, no âmbito da atividade daquela, desempenhar as funções inerentes à categoria profissional de (...).

2. Pelo presente contrato, o Segundo Contraente compromete-se a exercer por conta e sob a autoridade e direção da Primeira Contraente as funções inerentes à categoria profissional de (...) no desenvolvimento das quais reportará à (...), e nas quais se incluem, entre outras, as seguintes: (...).

Cláusula Segunda
(Local de Trabalho)

1. O local de trabalho do Segundo Contraente localizar-se-á nas instalações da Primeira Contraente, ou noutras onde esta preste serviços ou leve a cabo a sua atividade, situadas no Concelho de (...).

2. O Segundo Contraente terá que deslocar-se e permanecer no estrangeiro sempre que tal se revelar necessário ao desempenho as suas funções e lhe for indicado pela Primeira Contraente com antecedência razoável.

Cláusula Terceira
(Período Normal de Trabalho)

O período normal de trabalho semanal do Segundo Contraente é de 40 horas, sendo o período normal de trabalho diário de 8 horas.

Cláusula Quarta
(Horário de Trabalho)

O Segundo Contraente desenvolverá a sua atividade de segunda-feira a sexta-feira, com início às 9.00h e termo às 18.30, com intervalo das 13.00h às 14.30h.

Cláusula Quinta
(Retribuição)

1. Como contrapartida do trabalho prestado será paga, ao Segundo Contraente, até ao último dia útil de cada mês, a retribuição mensal ilíquida de € (...) (extenso).

2. Ao trabalhador será pago um subsídio de refeição por cada dia efetivo e completo de trabalho.

Cláusula Sexta
(Férias)

1. O trabalhador tem direito, em cada ano, a 22 dias úteis de férias.

2. O trabalhador tem direito, relativamente ao ano da contratação, após seis meses completos de execução do contrato, a gozar dois dias úteis de férias por cada mês de duração do contrato, até ao máximo de 20 dias úteis, bem como ao correspondente subsídio e retribuição.

3. O direito a férias segue o regime geral previsto nos arts. 237º e ss. do Código do Trabalho.

Cláusula Sétima
(Denúncia e pacto de permanência)

1. O trabalhador pode denunciar o contrato, independentemente de justa causa, mediante comunicação escrita a enviar à Primeira Contraente, com a antecedência mínima de 30 dias se tiver até 2 anos de antiguidade ou 60 dias se a antiguidade for superior a 2 anos, face à data do termo pretendida.

2. A falta de cumprimento do prazo de aviso prévio, por parte do Segundo Contraente, sem prejuízo de eventual responsabilidade civil por danos causados, determina o pagamento pelo Segundo Contraente à Primeira Con-

traente de indemnização de valor igual à retribuição correspondente ao período de antecedência em falta.

3. No plano de formação da Primeira Contraente, que constitui anexo I ao presente contrato, encontra-se prevista a realização de um investimento na formação profissional do Segundo Contraente e este compromete-se a não denunciar o presente contrato no período compreendido entre o pagamento efetivo da formação e os seis meses subsequentes ao respetivo termo.

4. Caso o período de permanência definido no número anterior não seja cumprido pelo Segundo Contraente, a Primeira Contraente tem o direito de receber o montante correspondente às despesas realizadas na formação profissional do Segundo Contraente.

Cláusula Oitava
(Seguro de Acidentes de Trabalho)

A Primeira Contraente integrará o Segundo Contraente no seguro de acidentes de trabalho contratado entre a empresa e a Seguradora (...), apólice nº (...).

Cláusula Nona
(IRCT e lei aplicável)

O CCT celebrado entre (...) e (...), publicado no Boletim do Trabalho e Emprego, nº (...), *dd/mm/aaaa*, é aplicável à presente relação de trabalho.

Cláusula Décima
(Disposições finais)

1. Este contrato tem início e produz os seus efeitos a partir de *dd/mm/aaaa*.
2. Este contrato é assinado em dois exemplares, cada um deles valendo como original, que será entregue a cada um dos Contraentes.

Local e data

Pela Primeira Contraente   Segundo Contraente

V. Contrato de trabalho em comissão de serviço com pacto de permanência

Entre:

Firma da sociedade empregadora, número único de matricula e de pessoa coletiva (...), com sede na Rua (...), representada por (...), na qualidade de (...), doravante designada por **Primeira Contraente**

e

Nome Completo do trabalhador, contribuinte nº (...), residente na Rua (...), doravante designado por **Segundo Contraente** ou **trabalhador**

Considerando que:
- A Primeira e o Segundo Contraentes se encontram vinculados, desde *dd/mm/aaaa*, por um contrato de trabalho ao abrigo do qual o Segundo Contraente detém atualmente a categoria profissional de (...);
- A Primeira Contraente pretende que o Segundo Contraente passe a desempenhar, temporariamente e em regime de comissão de serviço interna, as funções inerentes à categoria profissional de Diretor (...);
- O Segundo Contraente passa, por força do presente contrato, a exercer funções de chefia de elevada responsabilidade para os objetivos da organização.

É, livremente e de boa fé, celebrado o presente contrato, subordinado aos considerandos supra e às cláusulas seguintes, que as partes, mútua e reciprocamente, aceitam:

Cláusula Primeira
(Objeto e regime da comissão de serviço)

O Segundo Contraente passa, a partir de *dd/mm/aaaa*, a exercer, em comissão de serviço interna, as funções correspondentes ao cargo de Diretor (...).

Cláusula Segunda
(Funções)

1. No exercício da sua comissão de serviço o Segundo Contraente desempenhará, com zelo e diligência, as seguintes tarefas e responsabilidades inerentes ao cargo de Diretor (...), designadamente:

a) (...)
b) (...)
c) (...)

2. Sem prejuízo do disposto nos números anteriores, a Primeira Contraente pode, nos termos e dentro dos limites legais, encarregar o Segundo Contraente de desempenhar outras atividades ainda que não compreendidas na definição da categoria de Diretor (...).

Cláusula Terceira
(Local de trabalho)

A atividade do Segundo Contraente será exercida na sede da Primeira Contraente.

Cláusula Quarta
(Horário de trabalho)

1. O período normal de trabalho semanal do Segundo Contraente é de 40 horas, sendo o período normal de trabalho diário de 8 horas.

2. A Primeira Contraente definirá unilateralmente, em cada momento, o horário de trabalho do Segundo Contraente de acordo com o presente contrato, a convenção coletiva do setor e a lei.

Cláusula Quinta
(Remuneração)

1. O Segundo Contraente passará a auferir, enquanto durar a comissão de serviço, a retribuição mensal ilíquida de € (...) (*extenso*), passível dos respetivos descontos legais, liquidada no último dia útil de cada mês.

2. Ao trabalhador será pago um subsídio de refeição por cada dia efetivo e completo de trabalho no montante de € (...) (*extenso*).

Cláusula Sexta
(Duração e Cessação)

1. A presente comissão de serviço é celebrada pelo período de um ano, entre *dd/mm/aaaa* e *dd/mm/aaaa*, caducando automaticamente no seu termo.

2. Sem prejuízo do disposto no número anterior, qualquer das partes poderá pôr termo à comissão de serviço, mediante aviso prévio, com a antecedência mínima de 30 dias.

Cláusula Sétima
(Efeitos da Cessação)

1. Cessando a comissão de serviço, o Segundo Contraente voltará a desempenhar exclusivamente as funções inerentes à categoria de (...) ou equivalente, compreendendo-se nessas funções, nomeadamente:
   a) (...)
   b) (...)
   c) (...)
2. Uma vez cessada a comissão de serviço, o Segundo Contraente, voltará a auferir a retribuição correspondente à categoria de (...), cujas funções voltará a assumir integral e exclusivamente.
3. Cessada a comissão de serviço, o Segundo Contraente, exercerá a sua atividade em qualquer dos estabelecimentos que a Primeira Contraente explore na área metropolitana de Lisboa sem prejuízo das deslocações ao estrangeiro, que a mesma implicar.

Cláusula Oitava
(Pacto de Permanência)

1. A Primeira Contraente irá pagar ao Segundo Contraente o curso (...) que terá um custo de € (...) (*extenso*), conforme plano do curso e orçamento que se junta como anexo I ao presente acordo.
2. Por força do investimento em formação profissional a realizar pela Primeira Contraente, o Segundo Contraente obriga-se a não denunciar o seu contrato de trabalho e permanecer na organização durante um período de um ano, entre *dd/mm/aa* e *dd/mm/aa*.
3. O trabalhador poderá, a todo o tempo, desobrigar-se do cumprimento do presente acordo restituindo o montante de € (...) (*extenso*) correspondente ao custo da formação assegurada pela Primeira Contraente.

Cláusula Nona
(Confidencialidade)

1. O Segundo Contraente obriga-se a, mesmo após a cessação do presente contrato, a manter sigilo, não ceder, revelar, divulgar, utilizar ou discutir, direta ou por interposta pessoa, quaisquer informações e ou elementos que lhe hajam sido confiados ou que tenha tido conhecimento no exercício da sua atividade profissional junto da Primeira Contraente designadamente os referentes à organização, métodos e processos de trabalho, bem como a identificação dos clientes, fornecedores e quaisquer pormenores de ordem técnica e financeira.

2. Em caso de quebra de confidencialidade, o Segundo Contraente fica constituído na obrigação de indemnizar a Primeira Contratante no montante de € (...) (*extenso*) sem prejuízo do ressarcimento pelos prejuízos, patrimoniais e não patrimoniais, sofridos que excederem o referido montante.

Cláusula Décima
(Disposições gerais)

1. O presente contrato produz efeitos a partir de *dd/mm/aaaa*.
2. Qualquer alteração das cláusulas deste contrato terá de ser reduzida a escrito.

Este contrato é feito em dois exemplares, ficando um para cada um dos Contraentes,

Local e data

Pela Primeira Contraente   Segundo Contraente

VI. Contrato de cedência ocasional de trabalhador

Entre:

Firma da sociedade empregadora, número único de matricula e de pessoa coletiva (...), com sede na Rua (...), representada por (...), na qualidade de (...), doravante designada por **Primeira Contraente**; e

Firma da sociedade empregadora, número único de matricula e de pessoa coletiva (...), com sede na Rua (...), representada por (...), na qualidade de (...), doravante designada por **Segunda Contraente**; e

Nome Completo do trabalhador, contribuinte nº (...), residente na Rua (...), doravante designado por **Terceiro Contraente** ou **trabalhador**

Considerando que:

a) O Terceiro Contraente é trabalhador da Primeira Contraente, desde *dd/mm/aaaa*, com contrato de trabalho sem termo;
b) A Primeira e a Segunda Contraentes são sociedades Coligadas.

é celebrado o presente Acordo de Cedência Ocasional de Trabalhador, nos termos do disposto no Código do Trabalho, que se regerá pelo disposto nas cláusulas seguintes:

Cláusula Primeira
(Objeto)

Pelo presente Acordo, a Primeira Contraente cederá temporariamente à Segunda Contraente o Terceiro Contraente, para exercer as funções inerentes à categoria profissional de (...) bem como outras funções que com aquelas tenham afinidade ou ligação funcional.

Cláusula Segunda
(Duração)

A cedência ocasional objeto do presente acordo durará pelo prazo de 6 meses, com inicio em *dd/mm/aaaa* e termo em *dd/mm/aaaa*, não havendo renovações ao período mencionado.

Cláusula Terceira
(Horário de Trabalho)

1. O horário de trabalho será estipulado pela Segunda Contraente de acordo com as necessidades da empresa.

2. Sem prejuízo da sua alteração ao abrigo do disposto no número anterior, fica desde já estabelecido e aceite pelo Terceiro Contraente que a duração do trabalho será de 40 horas semanais, repartidas por cinco ou seis dias, com horário e descanso variáveis em regime de turnos, incluindo sábados, domingos e feriados.

Cláusula Quarta
(Local de trabalho)

O local de prestação do trabalho será no estabelecimento da Segunda Contraente, sito (...).

Cláusula Quinta
(Remuneração)

Durante a cedência, a Segunda Contraente pagará ao Terceiro Contraente, por cheque e/ou transferência bancária, a retribuição mensal ilíquida de € (...) (*extenso*), acrescida de um subsidio de alimentação de € (...) (*extenso*).

Cláusula Sexta
(Formação profissional)

A Segunda Contraente assegurará 15 horas de formação contínua ao Terceiro Contraente exonerando a Primeira Contraente da obrigação correspondente sem que haja lugar a qualquer compensação da Primeira Contraente à Segunda pela realização dessa formação profissional.

Cláusula Sétima
(Cessação da cedência)

1. Finda a cedência ocasional objeto do presente Acordo, o Terceiro Contraente regressará ao serviço da Primeira Contraente, mantendo as condições, inclusive remuneratórias, que detinha à data do início da cedência no âmbito do contrato de trabalho entre ambas celebrado.

2. Para efeitos do disposto no número anterior a retribuição a auferir pelo Terceiro Contraente, aquando do regresso ao serviço da Primeira Contraente, corresponderá ao valor da última retribuição auferida ao abrigo do contrato celebrado com a Primeira Contraente acrescido de quaisquer atualizações

e/ou aumentos de retribuição entretanto praticados pela Primeira Contraente para a categoria profissional em causa.

Cláusula Oitava
(Declaração de concordância)

O Terceiro Contraente declara expressamente que aceita os termos do presente Acordo, mais declarando não ter, nesta data, qualquer crédito sobre a Primeira Contraente.

Este contrato é feito em três exemplares, ficando um para cada um dos Contraentes,

Local e data

_____ _____ _____
Primeira Contraente   Segunda Contraente   Terceiro Contraente

VII. Contrato de trabalho em regime de teletrabalho

Entre:

Firma da sociedade empregadora, número único de matricula e de pessoa coletiva (…), com sede na Rua (…), representada por (…), na qualidade de (…), doravante designada por **Primeira Contraente**

e

Nome Completo do trabalhador, contribuinte nº (…), residente na Rua (…), doravante designado por **Segundo Contraente** ou **trabalhador**

É de boa fé celebrado e reciprocamente aceite, nos termos e para os efeitos do disposto no Código do Trabalho, o presente contrato de trabalho por tempo indeterminado em regime de teletrabalho, que se regerá pelas cláusulas seguintes:

Cláusula Primeira
(Objeto, Categoria Profissional e Funções)

1. A Primeira Contraente admite, ao seu serviço, o Segundo Contraente para, no âmbito da atividade daquela, desempenhar as funções inerentes à categoria profissional de (…) em regime de teletrabalho.

2. Pelo presente contrato, o Segundo Contraente integra o departamento de (…) compromete-se a exercer por conta e sob a autoridade e direção da Primeira Contraente as funções inerentes à categoria profissional de (…) no desenvolvimento das quais reportará à (…), e nas quais se incluem, entre outras, as seguintes: (…).

Cláusula Segunda
(Local de Trabalho)

1. O local de trabalho do Segundo Contraente será na sua residência e, pontualmente, junto de clientes da Primeira Contraente cujos estabelecimentos se localizam nos Concelhos de (…).

2. O Segundo Contraente terá que deslocar-se para participar em reuniões na sede da empresa sempre que tal se revelar necessário ao desempenho as suas funções e lhe for indicado pela Primeira Contraente com antecedência razoável.

Cláusula Terceira
(Período Normal de Trabalho)

O período normal de trabalho semanal do Segundo Contraente é de 40 horas, sendo o período normal de trabalho diário de 8 horas.

Cláusula Quarta
(Horário de Trabalho)

O Segundo Contraente desenvolverá a sua atividade de segunda-feira a sexta-feira, com início às 9.00h e termo às 18.30, com intervalo das 13.00h às 14.30h.

Cláusula Quinta
(Retribuição)

Como contrapartida do trabalho prestado será paga, ao Segundo Contraente, até ao último dia útil de cada mês, a retribuição mensal ilíquida de € (...) (*extenso*).

Cláusula Sexta
(Férias)

1. O trabalhador tem direito, em cada ano, a 22 dias úteis de férias.

2. O trabalhador tem direito, relativamente ao ano da contratação, após seis meses completos de execução do contrato, a gozar dois dias úteis de férias por cada mês de duração do contrato, até ao máximo de 20 dias úteis, bem como ao correspondente subsídio e retribuição.

3. O direito a férias segue o regime geral previsto nos arts. 237º e ss. do Código do Trabalho.

Cláusula Sétima
(Denúncia e pacto de permanência)

1. O trabalhador pode denunciar o contrato, independentemente de justa causa, mediante comunicação escrita a enviar à Primeira Contraente, com a antecedência mínima de 30 dias se tiver até 2 anos de antiguidade ou 60 dias se a antiguidade for superior a 2 anos, face à data do termo pretendida.

2. A falta de cumprimento do prazo de aviso prévio, por parte do Segundo Contraente, sem prejuízo de eventual responsabilidade civil por danos causados, determina o pagamento pelo Segundo Contraente à Primeira Contraente de indemnização de valor igual à retribuição correspondente ao período de antecedência em falta.

3. No plano de formação da Primeira Contraente, que constitui anexo I ao presente contrato, encontra-se prevista a realização de um investimento na formação profissional do Segundo Contraente em tecnologias de informação e comunicação e este compromete-se a não denunciar o presente contrato no período compreendido entre o pagamento efetivo da formação e os doze meses subsequentes ao respetivo termo.

4. Caso o período de permanência definido no número anterior não seja cumprido pelo Segundo Contraente, a Primeira Contraente tem o direito de receber o montante correspondente às despesas realizadas na formação profissional do Segundo Contraente.

Cláusula Oitava
(Instrumentos de trabalho)

1. A Primeira Contraente disponibiliza os seguintes instrumentos de trabalho:
   a) Um computador portátil, marca (...), modelo (...), com o número de série (....);
   b) Um acesso à internet do operador (...), modelo (...), com o número de série (...);
   c) Um telefone portátil, marca (...), modelo (...) número de série (...).

2. As despesas de instalação, manutenção e de operação dos equipamentos acima referidos ficam a cargo da Primeira Contraente.

3. O Segundo Contraente tem a obrigação de utilizar os referidos equipamentos de acordo com as indicações dos respetivos fabricantes.

4. Qualquer avaria dos instrumentos de trabalho tem que ser comunicada à Primeira Contraente nas 24h subsequentes ao seu conhecimento e as reparações ocorrerão durante o horário de trabalho.

Cláusula Nona
(Confidencialidade)

1. O Segundo Contraente obriga-se a, mesmo após a cessação do presente contrato, a manter sigilo, não ceder, revelar, divulgar, utilizar ou discutir, direta ou por interposta pessoa, quaisquer informações e ou elementos que lhe hajam sido confiados ou que tenha tido conhecimento no exercício da sua atividade profissional junto da Primeira Contraente designadamente os referentes à organização, métodos e processos de trabalho, bem como a identificação dos clientes, fornecedores e quaisquer pormenores de ordem técnica e financeira.

2. Em caso de quebra de confidencialidade, o Segundo Contraente fica constituído na obrigação de indemnizar a Primeira Contratante no montante de € (...) (*extenso*) sem prejuízo do ressarcimento pelos prejuízos, patrimoniais e não patrimoniais, sofridos que excederem o referido montante.

Cláusula Décima
(Seguro de Acidentes de Trabalho)

A Primeira Contraente integrará o Segundo Contraente no seguro de acidentes de trabalho contratado entre a empresa e a Seguradora (...), apólice nº (...).

Cláusula Décima Primeira
(IRCT e lei aplicável)

O CCT celebrado entre (...) e (...), publicado no Boletim do Trabalho e Emprego, nº (...), *dd/mm/aaaa*, é aplicável à presente relação de trabalho.

Cláusula Décima Segunda
(Disposições finais)

1. Este contrato tem início e produz os seus efeitos a partir de *dd/mm/aaaa*.
2. Este contrato é assinado em dois exemplares, cada um deles valendo como original, que será entregue a cada um dos Contraentes.

Local e data

Pela Primeira Contraente   Segundo Contraente

VIII. Contrato de trabalho a termo certo com cláusula de permanência

Entre:

Firma da sociedade empregadora, número único de matricula e de pessoa coletiva (...), com sede na Rua (...), representada por (...), na qualidade de (...), doravante designada por **Primeira Contraente**

e

Nome Completo do trabalhador, contribuinte nº (...), residente na Rua (...), doravante designado por **Segundo Contraente** ou **trabalhador**

É de boa fé celebrado e reciprocamente aceite, nos termos e para os efeitos do disposto no Código do Trabalho, o presente contrato de trabalho a termo certo, que se regerá pelas cláusulas seguintes:

Cláusula Primeira
(Objeto, Categoria Profissional e Funções)

1. A Primeira Contraente admite, ao seu serviço, o Segundo Contraente para, no âmbito da atividade daquela, desempenhar as funções inerentes à categoria profissional de (...).

2. Pelo presente contrato, o Segundo Contraente compromete-se a exercer por conta e sob a autoridade e direção da Primeira Contraente as funções inerentes à categoria profissional de (...) no desenvolvimento das quais reportará à (...), e nas quais se incluem, entre outras, as seguintes: (...).

Cláusula Segunda
(Duração e Caducidade)

1. O presente contrato é celebrado pelo prazo de 8 meses, com início em *dd/mm/aaaa* e termo em *dd/mm/aaaa*, sendo renovável por iguais ou diferentes períodos de tempo, entendendo-se, se nada de novo se convencionar por escrito, que a renovação será por iguais períodos de tempo.

2. A renovação do presente contrato será automática, salvo comunicação da Primeira Contraente, por escrito, com uma antecedência mínima de 15 dias antes do prazo expirar, a vontade de o não renovar.

3. O Segundo Contraente também poderá obstar à renovação automática do contrato, desde que comunique por escrito à Primeira Contraente a sua vontade de o não renovar até 8 dias antes do prazo expirar.

Cláusula Terceira
(Fundamento)

A celebração do presente contrato a termo certo é feita ao abrigo e nos termos da alínea f) do número dois do artigo 140º do Código do Trabalho, e é motivado pelo acréscimo excecional de trabalho que se espera ter em função das indicações dadas pelos clientes, dos projetos adjudicados por novos clientes e do aumento de dimensão e volume de negócios decorrente da parceria celebrada com a Sociedade (...), todo o exposto pressupõe que a atividade se vai intensificar a partir da data da celebração do presente contrato desconhecendo-se, no entanto, se será um aumento conjuntural ou permanente.

Cláusula Quarta
(Local de Trabalho)

1. O local de trabalho do Segundo Contraente localizar-se-á nas instalações da Primeira Contraente, ou noutras onde esta preste serviços ou leve a cabo a sua atividade, situadas no Concelho de (...).

2. O Segundo Contraente terá que deslocar-se e permanecer no estrangeiro sempre que tal se revelar necessário ao desempenho as suas funções e lhe for indicado pela Primeira Contraente com antecedência razoável.

Cláusula Quinta
(Período Normal de Trabalho)

O período normal de trabalho semanal do Segundo Contraente é de 40 horas, sendo o período normal de trabalho diário de 8 horas.

Cláusula Sexta
(Horário de Trabalho)

O Segundo Contraente desenvolverá a sua atividade de segunda-feira a sexta-feira, com início às 9.00h e termo às 18.30, com intervalo das 13.00h às 14.30h.

Cláusula Sétima
(Retribuição)

1. Como contrapartida do trabalho prestado será paga, ao Segundo Contraente, até ao último dia útil de cada mês, a retribuição mensal ilíquida de € (...) *(extenso)*.

2. Ao trabalhador será pago um subsídio de refeição por cada dia efetivo e completo de trabalho.

Cláusula Oitava
(Férias)

1. O trabalhador tem direito, em cada ano, a 22 dias úteis de férias.

2. O trabalhador tem direito, relativamente ao ano da contratação, após seis meses completos de execução do contrato, a gozar dois dias úteis de férias por cada mês de duração do contrato, até ao máximo de 20 dias úteis, bem como ao correspondente subsídio e retribuição.

3. O direito a férias segue o regime geral previsto nos arts. 237º e ss. do Código do Trabalho.

Cláusula Nona
(Denúncia e pacto de permanência)

1. O trabalhador pode denunciar o contrato, independentemente de justa causa, mediante comunicação escrita a enviar à Primeira Contraente, com a antecedência mínima de 30 dias face à data do termo pretendida.

2. A falta de cumprimento do prazo de aviso prévio, por parte do Segundo Contraente, sem prejuízo de eventual responsabilidade civil por danos causados, determina o pagamento pelo Segundo Contraente à Primeira Contraente de indemnização de valor igual à retribuição correspondente ao período de antecedência em falta.

3. No plano de formação da Primeira Contraente, que constitui anexo I ao presente contrato, encontra-se prevista a realização de um investimento na formação profissional do Segundo Contraente e este compromete-se a não denunciar o presente contrato no período compreendido entre o pagamento efetivo da formação e os seis meses subsequentes ao respetivo termo.

4. Caso o período de permanência definido no número anterior não seja cumprido pelo Segundo Contraente, a Primeira Contraente tem o direito de receber o montante correspondente às despesas realizadas na formação profissional do Segundo Contraente.

Cláusula Décima
(Seguro de Acidentes de Trabalho)

A Primeira Contraente integrará o Segundo Contraente no seguro de acidentes de trabalho contratado entre a empresa e a Seguradora (...), apólice nº (...).

Cláusula Décima Primeira
(IRCT e lei aplicável)

O CCT celebrado entre **(...)** e **(...)**, publicado no Boletim do Trabalho e Emprego, nº **(...)**, *dd/mm/aaaa*, é aplicável à presente relação de trabalho.

Cláusula Décima Segunda
(Disposições finais)

1. Este contrato tem início e produz os seus efeitos a partir do dia (...).
2. Este contrato é assinado em dois exemplares, cada um deles valendo como original, que será entregue a cada um dos Contraentes.

Local e data

Pela Primeira Contraente   Segundo Contraente

IX. Pacto de permanência

Entre:

Firma da sociedade empregadora, número único de matricula e de pessoa coletiva (...), com sede na Rua (...), representada por (...), na qualidade de (...), doravante designada por **Primeira Contraente**

e

Nome Completo do trabalhador, contribuinte nº (...), residente na Rua (...), doravante designado por **Segundo Contraente** ou **trabalhador**

Considerando:

a) Que a Primeira e o Segundo Contraentes celebraram um contrato de trabalho que produz efeitos desde *dd/mm/aa*;
b) Que, no âmbito do investimento em formação do seu quadro de pessoal, a primeira contraente irá promover a formação profissional do Segundo Contraente assumindo o custo dessa formação;
c) Que a formação profissional que o Segundo Contraente irá beneficiar permite a celebração de um pacto de permanência.

É livremente e de boa fé celebrada a presente alteração ao referido contrato, que passará a estar subordinado às cláusulas seguintes, que as partes mútua e reciprocamente aceitam:

Cláusula Primeira
(Formação profissional)

No âmbito do planeamento da atividade formativa da Primeira Contraente esta irá pagar ao Segundo Contraente o curso (...) que terá um custo de € (...) (*extenso*), conforme plano do curso e orçamento que se junta como anexo I ao presente acordo.

Cláusula Segunda
(Pacto de permanência)

Por força do investimento em formação profissional realizado pela Primeira Contraente, o Segundo Contraente obriga-se a não denunciar o seu contrato de trabalho e permanecer na organização durante um período de três anos, entre *dd/mm/aa* e *dd/mm/aa*.

Cláusula Terceira
(Cessação da permanência)

O trabalhador poderá, a todo o tempo, desobrigar-se do cumprimento do presente acordo restituindo o montante de € (...) (*extenso*) correspondente ao custo da formação assegurada pela Primeira Contraente.

Cláusula Quarta
(Manutenção das condições contratuais)

Sem prejuízo do acordo constante da presente adenda, as partes reiteram todo o conteúdo vertido no contrato de trabalho do qual depende, sem que tal possa significar qualquer alteração às condições contratuais ali previstas.

Cláusula Quinta
(Disposição final)

Consideram-se alteradas todas as cláusulas do contrato de trabalho do Segundo Contraente que se encontrem em contradição com as que constam do presente acordo de alteração pelo período em que vigorar a adenda.

O presente contrato é feito em duplicado e assinado por ambos os contraentes, ficando um exemplar em poder de cada uma das partes.

Local e data.

Pela Primeira Contraente   O Segundo Contraente

X. Acordo de revogação do contrato de trabalho

Entre:

Firma da sociedade empregadora, número único de matrícula e de pessoa coletiva (...), com sede na Rua (...), representada por (...), na qualidade de (...), doravante designada por **Primeira Contraente**

e

Nome Completo do trabalhador, contribuinte nº (...), residente na Rua (...), doravante designado por **Segundo Contraente** ou **trabalhador**

Quando designados conjuntamente, Empregadora e Trabalhador podem ser designados por "Partes".

Considerando que:
a) A Primeira e o Segundo Contraentes celebraram um contrato de trabalho que produz efeitos desde *dd/mm/aa*;
b) Com o presente acordo, a Primeira e o Segundo Contraentes pretendem fazer cessar o vínculo laboral vigente e todas as obrigações resultantes do mesmo.

Entre as Partes é celebrada, nos termos do disposto nos artigos 349º e seguintes do Código do Trabalho, a revogação do Contrato de Trabalho em vigor entre ambas, de acordo com as seguintes cláusulas:

Cláusula 1ª
(Objeto)
As Partes acordam revogar o contrato de trabalho celebrado entre ambas no dia *dd/mm/aaaa* e, bem assim, todas as obrigações decorrentes do mesmo.

Cláusula 2ª
(Créditos Laborais)
1. O Trabalhador receberá, na presente data, por meio do cheque nº (...), sacado sobre o banco (...), a quantia ilíquida de € (...), relativa a créditos laborais, a qual se decompõe nos seguintes termos:
a) (...)

b) (...)
c) (...)
d) (...)

2. O Trabalhador dá quitação dos referidos montantes, por nos mesmos se incluírem todos os créditos decorrentes do contrato de trabalho e da sua cessação.

3. Ambas as partes declaram nada mais ter a exigir uma da outra seja a que titulo for.

Cláusula 3ª
(Instrumentos de trabalho)

1. Por efeito da cessação do contrato de trabalho, a Primeira Contraente cede ao Trabalhador o número de telemóvel (...) e o respetivo telefone, sem qualquer custo para este último, comprometendo-se a assinar a documentação necessária e a diligenciar no sentido dar cumprimento à presente obrigação.

2. À data da assinatura do presente Acordo, o Segundo Contraente devolve todos os instrumentos de trabalho em seu poder, nomeadamente (...).

Cláusula 4ª
(Produção de efeitos)

O presente Acordo de Revogação de Contrato de Trabalho produzirá efeitos no dia *dd/mm/aaaa*.

Celebrado em duplicado vai o presente Acordo, composto por (...) páginas, ser rubricado e assinado pelas Partes, ficando cada uma com um exemplar.

Local e data.

Pela Primeira Contraente   O Segundo Contraente

XI. Carta de trabalhador a desobrigar-se do cumprimento do pacto de permanência

Nome completo do trabalhador
Morada

Firma da sociedade empregadora
Morada

Local, dd/mm/aa

Registada C/A.R.

Assunto: Denúncia de Contrato de Trabalho

Exmos. Senhores,
Nos termos e para os efeitos do disposto no nº 1 do art. 400º e do nº 2 do art. 137º, ambos do Código do Trabalho, venho, por este meio, comunicar a denúncia do contrato de trabalho celebrado com V. Exas. em *dd/mm/aa*.

A referida denúncia produzirá efeitos a partir de *dd/mm/aa*, cumprindo-se, deste modo, a antecedência exigida por lei para a presente comunicação.

Por outro lado, no âmbito do contrato de trabalho celebrado com V. Exas. e que agora se denuncia, foi celebrado um pacto de permanência. Por força da formação profissional de que fui beneficiário e da obrigação de permanência assumida, comprometi-me a permanecer na organização durante um período de 3 anos.

Perante a impossibilidade de cumprir esta obrigação, venho solicitar a V. Exas. o favor de compensarem, no termo do contrato, os montantes correspondentes aos créditos laborais de que sou credor da organização com o valor da formação profissional ministrada.

Caso permaneça devedor de qualquer quantia, solicito o favor de me indiquem o montante e a forma como deve proceder-se a esse pagamento. Caso tenha qualquer quantia a receber, solicito que a mesma me seja paga da forma habitual.

Permaneço ao dispor para qualquer esclarecimento adicional, sem outro assunto de momento, subscrevo-me com os melhores cumprimentos.

*Ass.*_____

XII. Carta de empregador a reclamar indemnização por incumprimento do pacto de permanência

Firma da sociedade empregadora
Morada

Nome completo do trabalhador
Morada

Local, dd/mm/aa

Registada C/A.R.

Assunto: Incumprimento de pacto de permanência

Exmo. Senhor,
Na sequência da cessação, por iniciativa de V. Exa., do contrato de trabalho que mantinha com esta empresa, vimos expor o seguinte:
No âmbito do seu contrato de trabalho e por força de despesas avultadas realizadas com formação profissional, celebrámos com V. Exa. um pacto de permanência cuja vigência teve início em *dd/mm/aaaa* e termo previsto para *dd/mm/aaaa*.
A cessação do contrato de trabalho, antes de decorrido o período de permanência acordado, constitui V. Exa. na obrigação de ressarcir esta empresa no montante de € (...) (*extenso*), valor que corresponde aos danos causados pela inobservância da obrigação assumida no pacto de permanência celebrado entre as partes.
Estando certos que V. Exa. pretende evitar os incómodos, despesas e demais consequências que uma demanda judicial sempre acarreta, comunicamos que aguardaremos por 8 dias que, voluntariamente pague a importância em dívida.
Findo este prazo sem que tal se verifique, ver-nos-emos forçados a propor o adequado procedimento judicial para cobrança da referida quantia.
Aguardando a vossa resposta, subscrevemo-nos com os melhores cumprimentos,

*Ass.*_____

ÍNDICE DE JURISPRUDÊNCIA

JURISPRUDÊNCIA PORTUGUESA

Tribunal Constitucional

| Ac. TC 256/2004 | (674/02) | DR, II Série, n.º 266, p. 16800, de 12-11-2004 |

Supremo Tribunal de Justiça

Ac. STJ de 13/03/2002	(02S2672)	http://www.dgsi.pt
Ac. STJ de 09/04/2003	(03S2424)	http://www.dgsi.pt
Ac. STJ de 05/07/2007	(07S1443)	http://www.dgsi.pt
Ac. STJ de 27/02/2008	(07S4484)	http://www.dgsi.pt
Ac. STJ de 25/02/2009	(08S2461)	http://www.dgsi.pt
Ac. STJ de 24/02/2010	(556/07.7TTALM.S1)	http://www.dgsi.pt
Ac. STJ de 13/10/2010	(185/08.8TTSTR.E1.S1)	http://www.dgsi.pt
Ac. STJ de 16/11/2010	(832/08.1TTSTB.E1.S1)	http://www.dgsi.pt
Ac. STJ de 30/06/2011	(2779/07.0TTLSB.L1.S1)	http://www.dgsi.pt

Supremo Tribunal Administrativo

| Ac. STA de 13/02/1990 | (022009) | http://www.dgsi.pt |
| Ac. STA de 02/02/1995 | (033054) | http://www.dgsi.pt |

Tribunal da Relação de Évora

Ac. RE de 24/11/2009	(832/08.1TTSTB.E1)	http://www.dgsi.pt
Ac. RE de 09/02/2010	(185/08.8TTSTR.E1)	http://www.dgsi.pt

Tribunal da Relação de Lisboa

Ac. RL de 21/06/1995	(188/95)	CJ, 1995, III, p.191 segs.
Ac. RL de 22/09/2004	(1431/2004)	http://www.dgsi.pt
Ac. RL de 07/03/2007	(27/2007-4)	http://www.dgsi.pt
Ac. RL de 16/05/2007	(1251/07)	CJ, 2007, III, p. 152 segs.
Ac. RL de 03/02/2010	(459/03.4TTLB.L1-4)	http://www.dgsi.pt
Ac. RL de 28/04/2010	(812/07.4TTALM.L1-4)	http://www.dgsi.pt
Ac. RL de 27/10/2010	(2779/07.0TTLSB.L1-4)	http://www.dgsi.pt

Tribunal da Relação do Porto

Ac. RP de 27/04/2006	(0516058)	http://www.dgsi.pt

JURISPRUDÊNCIA ESTRANGEIRA

Brasil

Ac. TST de 10/02/1995	(103.913/94.3)
Ac. TRT de 24/08/2007	(02071200506202005)

Espanha

Ac. Tribunal Supremo de 21/12/2000	(443/2000)
Ac. Tribunal Supremo de 19/09/2011	(4677/2010)

Estados Unidos da América

Ac. Seventh Circuit Court of Appeals de 10/07/2002 (J. Heder v. City of Two Rivers)	(01-4118)
Ac. Ninth Circuit Court of Appeals de 19/11/2010 (Gordon v. City of Oakland)	(2010 WL 4673695)

França

Tribunal da Cassação de 23/11/1983	(81-41607)
Tribunal da Cassação de 17/07/1991	(88-40201)
Tribunal da Cassação de 17/06/1998	(96-42570)
Tribunal da Cassação de 04/02/2004	(01-43651)
Tribunal da Cassação de 02/03/2005	(02-47334)
Tribunal da Cassação de 16/05/2007	(05-16647)

Itália

Tribunal da Cassação de 07/09/2005	(17817)

REFERÊNCIAS BIBLIOGRÁFICAS

Academia das Ciências de Lisboa – Dicionário da língua portuguesa contemporânea, vol. I, A-F, Verbo, 2001.

Almeida, Carlos Ferreira de – Contratos II – Conteúdo. Contratos de Troca, 2ª Edição, Almedina, 2011.

Almeida, Tatiana Guerra de – Do período experimental no contrato de trabalho, Almedina, 2007.

Alves, Natália – Sisifo, Revista de Ciências da Educação, nº 2, Jan//Abr, 2007.

Amorim, João Pacheco – A liberdade de escolha da profissão de advogado (Procedimento administrativo de concretização), Coimbra Editora, 1992.

– Liberdade de Profissão: Contributo para uma distinção entre duas figuras afins, Estudos Jurídicos em Homenagem ao Prof. Doutor António Motta Veiga, Almedina, 2007.

Andrade, Manuel – Teoria Geral da Relação Jurídica, vol. II, 7ª Reimpressão, Coimbra Editora, 1987.

– Ensaio sobre a teoria da interpretação das leis, 3ª Edição, Coleção Stvdium, Arménio Amado – Editor, Sucessor, Coimbra, 1978.

Ascensão, José de Oliveira – O Direito – Introdução e Teoria Geral, 13ª Edição Refundida, 3ª Reimpressão, Almedina, 2009.

Baptista, Albino Mendes – Estudos sobre o Código do Trabalho, 2ª Edição, Coimbra Editora, 2006.

Baron, Ângela e Armstrong, Michael – Gestão do Capital Humano, Instituto Piaget, 2007.

Campos, Diogo Leite de – Contrato a favor de terceiro, 2ª Edição, Almedina 1991.

Canotilho, J. J. Gomes – Direito Constitucional e Teoria da Constituição, 7ª Edição, Almedina, 2003.

Canotilho, J. J. Gomes e Moreira, Vital – Constituição da Republica Portuguesa Anotada, vol. I, 4ª Edição Revista, Coimbra Editora, 2007.

CAPELO DE SOUSA, Rabindranath – O Direito Geral de Personalidade, Coimbra Editora, 1995.

CASTRO, Armando de – Sentidos principais das "subestruturações" económicas de 1960-1961 a 1974-1975, História de Portugal Direção de José Hermano Saraiva, Publicações Alfa, 1983.

CÉLESTIN, Jean-Bernard – "A qualidade do emprego", Edição Direção-Geral do Emprego e Formação Profissional (DGEFP), 2002.

COMISSÃO DO LIVRO BRANCO DAS RELAÇÕES LABORAIS – Livro Branco das Relações Laborais, Ministério do Trabalho e da Solidariedade Social, 2007.

CONSELHO DA UNIÃO EUROPEIA DE 12 DE MAIO DE 2009 – Conclusões sobre um quadro estratégico para a cooperação europeia no domínio da educação e da formação («EF 2020»).

CONSELHO ECONÓMICO E SOCIAL, COMISSÃO PERMANENTE DE CONCERTAÇÃO SOCIAL – Acordo sobre política de emprego, mercado de trabalho educação e formação de 9 de fevereiro de 2001.

CORDEIRO, António Menezes – Tratado de direito civil, I, 4ª Edição (reformulada e atualizada), Almedina, 2012.

– Do abuso do direito: Estado das questões e perspetivas, ROA Ano 65, setembro 2005.

– Manual de Direito do Trabalho, Almedina, 1994.

DAVENPORT, Thomas H. – Profissão: Trabalhador do conhecimento, Biblioteca Exame, 2007.

DORNELAS, António/MINISTRO, Antonieta/LOPES, Fernando Ribeiro//CERDEIRA, Maria da Conceição//GALEGO, Pedro/SOUSA, Sílvia Conduto – Livro Verde sobre as relações laborais, Ministério do Trabalho e Solidariedade Social, 2006.

DRUCKER, Peter – The Future That Has Already Happened, Harvard Business Review, Set.-Oct, 1977.

EIRÓ, Pedro – Noções elementares de direito, 3ª Edição, Verbo, 2002.

ENGISH, Karl – Introdução ao pensamento jurídico, 6ª Edição, Fundação Calouste Gulbenkian, 1988.

FARIA, Rita Lynce de – A inversão do ónus da prova no direito civil português, Lex, 2001.

FERNANDES, António Monteiro – Direito do Trabalho, 2ª Reimpressão da 12ª Edição, Almedina, 2005.

– Direito do Trabalho, 15ª Edição, Almedina, 2010.

GOMES, Júlio Manuel Vieira – As cláusulas de não concorrência no direito do trabalho, Revista de Direito e de Estudos Sociais, Ano XXXX (XIII da 2ª Série), nº 1, janeiro-março de 1999.

– Direito do Trabalho, vol. I, Relações Individuais de Trabalho Coimbra Editora, 2007.

HERNÁNDEZ, Nancy Sirvent – El pacto de permanencia en la empresa, Tirant lo Blanch, 2002.

INSTITUTO NACIONAL DE ESTATÍSTICA – Destaque do INE, Informação à comunicação social de 4 de fevereiro de 2002.

JORGE, Fernando Pessoa – Contrato de Trabalho – Anteprojeto de Diploma Legal, Estudos Sociais Corporativos, Ano IV, nº 13, janeiro a março de 1965.

LARENZ, Karl – Metodologia da ciência do direito, 3ª edição, Fundação Calouste Gulbenkian, 1997.

LEITÃO, Luís Manuel Teles de Menezes – Direito do Trabalho, 2ª Edição, Almedina, 2010.
– Direito das Obrigações, Vol. I – Introdução. Da constituição das obrigações. 10ª Edição, Almedina, 2013.

LEITÃO, Maria da Glória e NOBRE, Diogo Leote – Código do Trabalho Revisto, Anotado e Comentado, Editora Vida Económica, 2009.

LEITE, Jorge – A extinção do contrato de trabalho por vontade do trabalhador, Coimbra polic., 1990.
– Direito do Trabalho, vol. II, reimpressão, Serviço de Textos dos Serviços de Ação Social da Universidade de Coimbra, 1999.

LOBO, João – Licença sem retribuição: as alterações introduzidas pelo DL 397/91, de 16/10, Questões Laborais, Ano I, Nº 2, 1994, p. 78.

LOPES-CARDOSO, Álvaro – Manual do processo do trabalho, 3ª Edição revista, ampliada e atualizada, Livraria Petrony, Lda. Editores, 2000.

MACHADO, J. Baptista – Introdução ao Direito e ao Discurso Legitimador, 10ª Reimpressão, Livraria Almedina, 1997.

MAD COMUNICACIÓN – El plan de formación de la empresa, Guia prática para su elaboración y desarrollo, 2ª Edição, Fundación Confemetal Editorial, 2005.

MARTINEZ, Pedro Romano/DRAY, Guilherme Machado/SILVA, Luís Gonçalves da/VASCONCELOS, Joana/MONTEIRO, Luís Miguel/ /BRITO, Pedro Madeira de – Código do Trabalho Anotado, 8ª Edição, Almedina, 2009.
– Direito do Trabalho, 3ª Edição, Almedina, 2006.

MARTINS, João Zenha – Os pactos de não concorrência no Código do Trabalho, Revista de Direito e de Estudos Sociais, Ano XLVII (XX da 2ª Série), julho-dezembro – 2006, nº 3 e 4.

MARTINS, Sérgio Pinto – Direito do Trabalho, 24ª Edição, São Paulo Editora Atlas S.A., 2008.

MATA, Eugénia e Valério, Nuno – História Económica de Portugal – Uma perspetiva Global, Editorial Presença, 1994.

MATEUS, Abel M. – Economia portuguesa desde 1910, Editorial Verbo, 1998.

MATTOSO, José – História de Portugal, sétimo volume – O Estado Novo, Circulo de Leitores, 1994.

MIRANDA, Jorge e MEDEIROS, Rui – Constituição Portuguesa Anotada, Tomo I, Coimbra Editora, 2005.

MOLERO MANGLANO, Carlos/SÁNCHEZ-CERVERA VALDÊS, José Manuel/LÓPEZ ALVAREZ, Mª José//MANTORRAS DÍAZ-CANEJA, Ana – Manual de Derecho del Trabajo, 9ª Edição, Civitas – Thomson Reuters, 2009.

MONTEIRO, Luís Miguel – O dever de formar e o direito à formação profissional no código do trabalho – Breves reflexões, artigo publicado no Prontuário de Direito do Trabalho, nº 76, 77, 78, Centro de Estudos Judiciários, Coimbra Editora, 2007.

MONTOYA MELGAR, Alfredo – Derecho del trabajo, 28ª Edição, Tecnos, 2007.

NASCIMENTO, Ricardo – Da Cessação do contrato de trabalho, em especial por iniciativa do trabalhador, Coimbra Editora, 2008.

OIT – Declaração relativa aos Princípios e Direitos Fundamentais no Trabalho, adotada na 86ª sessão da Conferência Internacional do Trabalho, em junho de 1998.

OLIVEIRA, Luís e CARVALHO, Helena – Regulação e mercado de trabalho – Portugal e Europa, Edições Silabo, 2010.

OLIVEIRA, Nuno Manuel Pinto – Estudos sobre o não cumprimento das obrigações, Almedina, 2007.

PINTO, Mário – O interesse coletivo de categoria Profissional, Análise Social, vol. II, 1964 (nº 6).

PINTO, Mário/MARTINS, Pedro Furtado/CARVALHO, António Nunes de – Comentário às leis do Trabalho, vol. I, Lex 1994.

RAMALHO, Maria do Rosário Palma – Da Autonomia Dogmática do Direito do Trabalho, Almedina, 2000.

– Direito do Trabalho, Parte II – Situações Laborais Individuais, Almedina, 2006.

REBELO, Glória – Teletrabalho e Privacidade: contributos e desafios para o Direito do Trabalho, Editora RH, 2004.

RIBEIRO, J. Soares – Formação Contínua dos Trabalhadores, Minerva Revista de Estudos Sociais, Ano VI, nº 10, pp. 21-53, Almedina 2007.

SILVA, João Calvão da – Cumprimento e Sanção pecuniária compulsória, 2ª Edição (Reimpressão), Coimbra, 1995.

SOARES, Rogério Ehrhardt – A ordem dos advogados. Uma Corporação Pública, RLJ, ano 124º, nº 3807, 3809 e 3810, Coimbra Editora, 1991.

TELLES, Inocêncio Galvão – Manual dos Contratos em Geral, 4ª Edição, Coimbra Editora, 2002.

VARELA, João de Matos Antunes – Das obrigações em geral, vol. II,

7ª Edição (5ª Reimpressão), Almedina, 2010.

VASCONCELOS, Joana – Contrato de trabalho com pluralidade de empregadores, Revista de Direito e de Estudos Sociais, 2005, nº 2-3-4, p. 283.

– Pacto de permanência, liberdade de trabalho e desvinculação do trabalhador, in estudos em homenagem a Miguel Galvão Teles, Vol. II, p. 821, Almedina, 2012.

VATIN, François – Epistemologia e Sociologia do Trabalho, Instituto Piaget, 2002.

ZOLI, Carlo – Clausole di fidelizzazione e rapporto di lavoro, Rivista italiana di diritto del lavoro, Ano XXII – 2003, nº 4, p. 449.

ÍNDICE

ABREVIATURAS	7
NOTA PRÉVIA	9
PREFÁCIO	13
INTRODUÇÃO	17

PARTE I – FORMAÇÃO PROFISSIONAL 25

CAPÍTULO I – CONCEITO DE FORMAÇÃO PROFISSIONAL 27
1. Formação profissional e suas dimensões 27
2. O impacto das novas tecnologias e dos novos modelos de organização do trabalho nas necessidades de formação dos trabalhadores 35
3. Formação profissional no ordenamento jurídico 37
4. Conceito de formação profissional no Código do Trabalho 40

CAPÍTULO II – REGIME JURÍDICO DO DEVER DE FORMAÇÃO NO CÓDIGO DO TRABALHO 49

SECÇÃO I – REGIME GERAL 49
1. O dever geral de formação 49
2. Número mínimo de horas de formação profissional anuais 58
3. Planos de formação 61
4. Local de realização da formação 65
5. Horário de trabalho e formação profissional 66

6. Formação profissional no período experimental	69
7. Quem tem competência para ministrar formação profissional	71
8. Informação e consulta sobre formação profissional	73
9. O exercício do direito à formação pelo trabalhador	77
10. Conteúdo da formação	81
11. Cessação do contrato de trabalho	84

SECÇÃO II – REGIMES ESPECIAIS DO DEVER DE FORMAÇÃO   87

SUBSECÇÃO I – REGIMES ESPECIAIS DO DEVER DE FORMAÇÃO POR CAUSAS OBJETIVAS	91
1. Formação para reinserção profissional	91
2. Funções acessórias	92
3. O teletrabalho	94
4. Trabalho temporário	95
5. Cedência ocasional	98
6. Crise empresarial	98
7. Despedimento por inadaptação	101

SUBSECÇÃO II – REGIMES ESPECIAIS DO DEVER DE FORMAÇÃO POR CAUSAS SUBJETIVAS	107
1. Trabalhador menor	107
2. Trabalhador com capacidade de trabalho reduzida	109
3. Trabalhador com deficiência ou doença crónica	110
4. Trabalhador que sofreu acidente de trabalho ou afetado por doença profissional	114

SECÇÃO III – EVOLUÇÃO DO REGIME JURÍDICO DO DEVER
DE FORMAÇÃO DO CT DE 2003 AO CT DE 2009   119

PARTE II – PACTO DE PERMANÊNCIA   123

CAPÍTULO I – CONTEÚDO E EVOLUÇÃO DO PACTO DE PERMANÊNCIA	125
1. Noção, natureza jurídica e figuras afins	125

2. Fundamentação	130
3. A constitucionalidade do pacto de permanência	135
4. Evolução do tratamento legal da figura no ordenamento jurídico português	147
5. Pacto de permanência no direito comparado	154

CAPÍTULO II – REGIME JURÍDICO DO PACTO DE PERMANÊNCIA   163

SECÇÃO I – CELEBRAÇÃO DO PACTO DE PERMANÊNCIA   163
1. Momento da celebração do pacto de permanência   163
2. Os sujeitos do pacto de permanência   167
3. Efeitos do pacto de permanência e os limites da boa fé   169
   a) Período experimental   170
   b) Incapacidade superveniente   173
   c) Renúncia tácita à permanência   173

SECÇÃO II – REQUISITOS DO PACTO DE PERMANÊNCIA   177

SUBSECÇÃO I – REQUISITOS GERAIS   179
1. Requisitos impostos pela lei civil (Remissão)   179
2. Forma   179

SUBSECÇÃO II – REQUISITOS ESPECÍFICOS   185
1. Duração   185
2. Despesas avultadas com formação profissional de trabalhador   190

SECÇÃO III – A EXTINÇÃO DO PACTO DE PERMANÊNCIA   201
1. Decurso do prazo   201
2. Revogação e renúncia expressa à permanência   202
3. Cessação do vínculo laboral   202

SECÇÃO IV – A NÃO EXECUÇÃO DO PACTO DE PERMANÊNCIA   207
1. Desvinculação antecipada do trabalhador   207
2. O não cumprimento da obrigação de permanência   216

CAPÍTULO III – RELAÇÃO ENTRE PACTO DE PERMANÊNCIA
E DEVER DE FORMAÇÃO   221

CONCLUSÕES   227

ANEXO – FORMULÁRIOS   237
   I. Plano de formação profissional   239
   II. Anexo C – Relatório Anual da Formação Contínua (Relatório único)   241
   III. Promessa de contrato de trabalho com pacto de permanência   242
   IV. Contrato de trabalho por tempo indeterminado com cláusula de permanência   245
   V. Contrato de trabalho em comissão de serviço com pacto de permanência   248
   VI. Contrato de cedência ocasional de trabalhador   252
   VII. Contrato de trabalho em regime de teletrabalho   255
   VIII. Contrato de trabalho a termo certo com cláusula de permanência   259
   IX. Pacto de permanência   263
   X. Acordo de revogação do contrato de trabalho   265
   XI. Carta de trabalhador a desobrigar-se do cumprimento do pacto de permanência   267
   XII. Carta de empregador a reclamar indemnização por incumprimento do pacto de permanência   268

ÍNDICE DE JURISPRUDÊNCIA   269

REFERÊNCIAS BIBLIOGRÁFICAS   273